공부를 위한 읽기는
따로 있다

공부를 위한 읽기는 따로 있다

프랜시스 P. 로빈슨 지음

이문영 옮김

차 례

나는 읽기와 공부 기술 분야에서 30년 이상 연구를 해왔다. 이 책은 효과적인 공부 기술을 개발하고 지도해 온 경험과, 읽기 장애를 분석하고 그 치료법을 연구한 내용을 종합한 결과다. 이 책에는 SQ3R 읽기 기술, 3R 문제의 해결법, 시험 전 공부법, 수업 듣는 법 등과 같은 가장 근원적이고 핵심적인 공부 기술이 소개된다.

많은 사람의 생각과 달리 성공적인 공부는 시간과 집중이 아니라 방법에 달려 있다. 공부를 잘하는 학생들이 그렇지 못한 학생들보다 반드시 공부를 더 많이 하는 것은 아니다. 그들은 시간을 보다 효율적으로 사용할 뿐이다. 공부의 비효율성은 읽는 속도가 느리거나 어휘력이 빈약한 데 원인이 있을 수 있다. 이러한 결함으로 인해 같은 노력을 하더라도 공부에 활기를 잃고 뒤처지게 된다. 혹은 우수한 학생 중에도 더 나은 방법이 있다는 사실을 모른 채 애써 어려운 방식으로 공부하고 있을 수도 있다. 그 증거로, 우수한 학생들도 책의 표제를 거의 이용하지 않는다.

이 책의 공부 기술은 오하이오주립대학교에서 운영한 학습법 프로그램의 주축이 되었고, 이 프로그램은 오하이오주립대학교를 선두로 예일대학교, 스탠포드대학교, 다트머스대학교, 버팔로대학교, 시카고대학교, 일리노이대학교, 아이오와대학교, 미네소타대학교 등에서 주목할 만한 성공을 거두었다. 학생들의 읽기 능력과 학습 조직 능력이 눈에 띄게 향상된 것이다.

공부 방법을 개선하기 위해서는 아는 것만으로는 부족하다. 효과적인 공부 기술이 어떤 것인지 알아야 할 뿐만 아니라, 그 기술을 완벽하게 습득할 때까지 끈기 있게 연습해야 한다. 특히 공부 방법을 개선하려는 욕구가 진정으로 있어야 한다. 공부를 더 잘하고 싶은 욕구를 느끼지 못하거나, 자신의 문제를 애써 해결하려 하지 않는다면 세상의 어떤 방법도 별 도움이 안 될 것이다.

다시 한 번 말하지만, 이 책에서는 효과적인 공부 기술을 발견하는 일이 아니라 그것을 자신의 것으로 개발하는 일을 중요시할 것이다. 학생은 공부를 하고 수업을 들으며 도서관에서 책을 읽는 시간에 실제로 더욱 효과적으로 공부함으로써 이 기술을 연습하게 될 것이다. 성과에 대한 평가는 다른 사람들에 비해 얼마나 더 알게 되었는가보다 자신의 문제를 해결하는 데 얼마나 진전이 있었는가에 기초해야 한다. 지금 당신의 공부법은 무엇이 문제이고, 그것을 어떻게 해결할 수 있을까? 그 답이 이 책에 있다.

프랜시스 P. 로빈슨

CHAPTER **01**

서 문

일부 성실한 학생들은 이해력을 높이고 기억을 유지하기 위해
책을 다시 읽는다. 하지만 단순히 몇 번이고 반복해서 읽는 것만으로는
이해력을 효과적으로 높일 수 없다.

다른 학생들이 공부하는 모습을 지켜본 적이 있는가?
어떤 학생이나 자신만의 공부 방식을 갖고 있지만
그 방식은 대부분 그리 효과적이지 못하다.
다음 글을 읽으면 친구나 자신이 어떻게 공부하고 있는지
되돌아보게 될 것이다.

보통 학생의 보통 공부법

도서관에 가기가 어렵다거나, 공부할 장소가 마땅치 않다거나, 주변 사람들이 신경 쓰인다거나, 과제를 모른다거나, 마음이 불안정하다거나 하는 등의 문제들은 당분간 덮어 두자. 이러한 요인들도 중요한 공부 기술에 속하지만, 지금은 읽기 기술에 집중하자.

보통 학생들은 어떤 방식으로 공부를 할까? 과제의 첫 쪽을 펼친 다음에는 무엇을 할까? 아마도 과제의 마지막 쪽을 펼쳐서 공부할 분량을 가늠해 보고, 마지막 쪽에 끝나는 부분임을 표시할 것이다. 잠시 동안 책을 읽고 나서 읽은 부분과 아직 읽지 않은 부분의 두께를 비교해 보는 학생도 있을 것이다. 게다가 과제가 무엇이냐고 물으면 두께를 보고 "30쪽 정도 되요"라고 답하는 학생도 있다.

손가락으로 줄을 짚어가며 책을 읽는 학생도 많다. 이런 학생은 다음날이면 "기억은 안 나지만, 정말 한 글자도 빠트리지 않고 다 읽었어"라고 진지하게 말한다. 어떤 학생은 글자 하나하나에 눈도장을 찍어가며 읽기 때문에 마치 손가락이 괭이가 되어 밭을 한줄 한줄 가는 것 같다. 모든 학생이 '한줄 한줄 밭을 갈'지는 않지만, 표제heading와 문맥의 단서를 이용할 줄 아는 사람은 아주 드물다.

우리는 대부분 자신이 읽은 내용을 이해했다고 생각하지만, 문제는 읽었던 것을 기억하려고 할 때 발생한다. 사람들은 읽으면서 하나의 개념을 접할 때마다 계속 '음… 음' 소리를 내기도 하는데, 이는 마치 인쇄된 글자를 선명하게 비추는 거울이 책 위를 스쳐 지나가는 것과 유사하다. 읽기를 마친 그들은 한숨을 내뱉으며 책을 한 쪽으로 치운다. 예고 없이 책의 내용을 물어 볼 때, 보통의 독자는 이해한 것은 많지만 머릿속이 뒤죽박죽이 되어 명쾌하게 설명할 수 없는 감정을 느낀다. 그런데도 그는 이렇게 불편한 느낌이 드는 이유를 파고들지 않고 "하나는 끝났군! 다음 과목을 공부해야지"라고 말하고 싶어한다.

보통의 공부법은 얼마나 효과적일까

보통 학생들의 이러한 공부법의 최종 결과는 어떨까? 수천 명의 고등학생에게 하나의 자료를 읽게 한 다음 바로 간단한 시험을 보았는데, 이들의 평균 점수는 고작 53점이었다. 다른 실험들에서도 보통 학생들은 즉시 검사에서 50퍼센트 정도의 정답률을 보였다. 아마도 학생들은 자신이 읽은 내용을 전부 이해했다고 생각했을 텐데, 왜 이러한 결과가 나온 것일까? 8 9 4 1 6 5 8 7 3 5 와 같은 일련의 숫자를 읽은 후에도 비슷한 문제가 발생한다. 읽을 때는 숫자들을 쉽게 인식하지만, 읽고 난 다음에는 숫자가 모두 뒤섞여 버린다.

학습이 부족해도 아주 빨리 잊어버리는 것 같다. 〈그림 1〉의 실

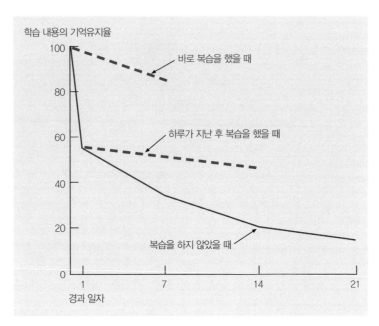

학습 내용의 기억유지율

바로 복습을 했을 때

하루가 지난 후 복습을 했을 때

복습을 하지 않았을 때

경과 일자

그림 1 같은 조건의 그룹이 자료를 읽은 후 시간차를 달리해 시험을 보았을 때 나타나는 기억 유지 곡선. 실선은 시험 전 복습을 하지 않았을 때, 점선은 바로 또는 하루가 지난 후 복습을 했을 때 기억에 미치는 영향을 보여 준다.

선은 앞에 말한 수천 명의 고등학생이 한 번 읽은 자료를 얼마나 빨리 잊어버리는지를 보여 준다(〈그림 1〉의 점선은 기억을 유지하는 조건을 나타내는데, 이에 대해서는 나중에 설명한다). 2주 후 보통 학생들은 읽은 직후에 알았던 내용의 20퍼센트만을 기억했고, 그 중에서도 53퍼센트만을 올바르게 기억했다.

공부를 위한 읽기는 따로 있다

일부 성실한 학생들은 이해력을 높이고 기억을 유지하기 위해 책을 다시 읽는다. 하지만 단순히 몇 번이고 반복해서 읽는 것만으로는 이해력을 효과적으로 높일 수 없다. 한 실험에서 보통 학생들은 책을 한 번 읽은 후에 본 간단한 시험에서 69퍼센트의 정답률을 보였는데, 두 번, 세 번, 네 번 반복해서 읽은 후에도 고작 74퍼센트, 75퍼센트, 74퍼센트의 정답률을 보였다(나중에 설명하겠지만, 시간차를 두고 반복적으로 읽는 방법이 더 효과적이다).

놀랍게도 우수한 학생들조차 좋지 않은 공부 습관을 갖고 있다. 파이 베타 카파 Pai Beta Kappa:미국 대학 우등생들의 모임___옮긴이 를 비롯한 여타 우등생 그룹을 연구한 자료에 따르면, 이들 우수 학생들의 평균 읽기 속도가 다른 보통 학생들보다 빠르지 않았고, 공부 습관과 기술도 매우 비효율적이었다. 제2차세계대전 중 육군 특수 훈련 프로그램에 배속된 병사들은 지능과 이전의 학과 성적, 현재의 지식수준이 높은 선별 그룹이었다. 하지만 이들의 공부 기술은 평균적으로 다른 대학생들과 다를 바 없었다. 고등학교 시절 급우들보다 영리했던 이들 병사는 자신의 기지와 개성을 발휘해 프로그램을 겨우 마칠 수 있었다. 또 다른 연구들에서는 우수한 학생들도 볼드체의 표제에 거의 주목하지 않는 것으로 나타났다. 이들은 같은 자료에 표제가 있을 때나 없을 때나 이해력이나 읽는 속도에서 별 차이를 보이지 않았다. 다음 장에서는 독자가 이러한 표제를 이용해 앞으로 나올 주요 내용을 예측하고, 그 주제에 대해 이미 알고 있는 내용을 상기하며, 읽으면서 중요하고 중요하지 않은 부분을 가릴 수 있다는 점을 알게 될 것이다. 표제를 활용하는 기술을 익히면 읽기의 효율성을 크게 향상시킬 수 있다.

사실 학생들은, 심지어 성적이 우수한 학생들도 시행착오를 거쳐 읽기와 공부 기술을 익힌다. 시행착오를 겪는 동안에는 비효율적인 방법들이 뒤범벅되어 나타나는데, 이는 사람을 무작정 물속에 집어넣어 수영을 배우게 했던 과거의 수영 지도 방식과 매우 흡사하다. 물속에서 사람은 물에 뜨려고 바둥거리면서 차츰 '개헤엄'을 익히게 된다. 하지만 과거에 이러한 방식으로 수영을 배운 사람은 현대적인 방식으로 수영을 배운 사람과 경쟁할 수 없다. 현대의 수영법은 개헤엄을 연구하고 발전시킨 것이 아니다. 현대의 수영법은 물속에서 인체의 저항을 줄이는 방법과 함께 최소의 노력으로 최대의 속력을 낼 수 있는 방법을 과학적으로 연구한 결과에 기초한다. 그리하여 자유형과 같은 대단히 효율적인 수영법을 개발하고 가르치게 되었다. 수영 신기록은 지속적인 연구와 전문적인 코칭에 힘입어 끊임없이 갱신되고 있다.

마찬가지로 최상위의 학생들도 혼자만의 노력으로는 습득하기

공부를 위한 읽기는 따로 있다

어려운 새로운 고급 읽기 기술을 개발하기 위해 학습전문가들은 학습과 기억의 기술에 관한 과학적 연구들을 활용하고 있다. 이러한 고급 읽기 기술을 이용하면 공부가 훨씬 쉬워지고 성과도 좋아진다. 2장과 3장에서는 학습과 기억의 심리학의 토대에서 탄생한 SQ3R이라는 고급 읽기 기술을 소개한다. 2장에서는 이러한 읽기 기술을 교재 중심의 학습에 활용하는 방법을, 3장에서는 교재 이외의 참고자료와 문학작품, 표와 그래프와 같은 특수한 형태의 자료 읽기에 다양하게 적용하는 방법을 설명한다. 많은 학생이 효과적으로 읽지 못하는 이유는 느린 속도, 빈약한 어휘력, 부정확한 이해력, 비산문 형태의 자료를 읽는 능력의 부족 등과 같은 구체적인 읽기 기술상의 결함이 있기 때문이다. 이러한 요인들은 SQ3R 읽기 기술을 배우는 데에도 방해가 된다. 4장에서는 이렇듯 부족한 읽기 능력을 높이는 방법을 설명한다. 앞의 교재 공부법에 이어 5장에서는 시험 공부법에 대해 설명한다. 가장 적은 노력으로, 그러나 가장 효과적으로 시험 공부를 할 수 있는 방법을 소개할 것이다. 마지막으로 6장에서는 효과적으로 수업에 참여하는 방법을 설명한다.

CHAPTER **02**

세상 모든 공부를 위한 읽기 기술

학생들이 저자가 심어 놓은 단서들을 이용할 수 있게 되면
읽는 속도가 빨라지고, 요점을 이해하는 능력이 향상되며,
시험 문제를 예상할 수 있게 된다.

그렇다면 SQ3R이라는 고급 읽기 기술의 본질은
무엇일까? 보통 학생들이 시행착오를 겪으면서 효과적인
읽기 기술을 익히지 못했다는 점은 분명하다. 또한
우리가 우수한 학생들의 읽기 기술을 분석해
다른 학생들에게 그 방법을 제안할 수 없다는 점도 분명하다.
앞 장에서 설명했듯이 효과적으로 학습하고 기억하는
방법을 찾기 위해 많은 연구가 이루어졌고, 그 결과들을
새로운 고급 읽기 기술을 개발하는 데 활용하고 있다.
SQ3R 읽기 기술의 단계별 사용법을 소개하기 전에, 우선
이를 뒷받침하는 두 가지 근거를 살펴보자. 하나는 교재와
수업(강의), 시험 문제가 제공하는 단서이고, 다른 하나는
집중적인 실험을 통해 발견한 새로운 공부법이다.

교재와 수업, 시험 문제 안의 단서 이용하기

교재는 줄줄이 인쇄된 글자의 나열이 아니다. 저자가 교재를 집필할 때에는 중요한 내용을 강조하기 위해 글자의 모양과 위치, 문체를 이용해 단서를 확실히 심어 놓는다. 소설은 그냥 읽어 내려갈 수 있지만, 산문은 보통 전문적인 독자라면 어떤 부분을 읽으면서 훑어보거나 건너뛰거나 필요한 내용에만 집중하더라도 주제를 파악할 수 있도록 체계적으로 서술되어 있다. 학생들이 이러한 단서들을 이용할 수 있게 되면 읽는 속도가 빨라지고, 요점을 이해하는 능력이 향상되며, 시험 문제를 예상할 수 있게 된다.

이러한 단서들을 제공하는 세 가지 자료 즉 교재, 수업(강의), 시험 문제에 대해 하나씩 알아보자.

교재 안의 단서

교재는 무엇이 중요한 것인지를 알려 주는 많은 단서를 포함하고 있다. 이 단서를 빨리 알아차리는 독자는 읽기 능력을 쉽게 향상시킬 수 있다. 저자들은 각 장chapter의 첫머리에 앞으로 설명할 주요 내용의 개요를 소개하며, 이 개요가 각 절section의 첫머리에 표제heading로 등장한다. 주요 요점과 이차 요점은, 예를 들어 표제가 행의 중앙에 오느냐 가장자리에 오느냐와 같이 글자의 위치 변화를 보고 구분할 수 있다. 더욱이 이러한 표제에는 번호가 붙는 경우가 많다. 앞으로 논의할 내용의 요지를 전달하는 표제가 있는가 하면, 단순히 주제만 알려 주고 결론은 제시하지 않는 표제도 있다. 예를 들어 '학습과 지능'이라는 표제에서는, 논의할 두 가지 주제는 알 수 있지만 두 주제의 관계는 알 수 없다. 표제에 주요 논제가 드러나면 앞으로 논의할 내용을 더 쉽게 파악할 수 있겠지만, 단순히 주제를 알려 주는 것만으로도 독자가 결론을 찾는 데 도움이 된다.

다른 단서들도 중요한 요점을 알리기 위해 사용된다. 일반적으로 각 단락의 첫머리나 개념을 요약 정리하는 끝머리에 주제를 나타내는 문장이 제시된다. 중요한 문장이나 정의는 이탤릭체나 볼드체로 표시하는 경우가 많다. '세 종류' 또는 '네 가지 이유' 등과 같은 말 뒤에 (1) (2) (3) 혹은 (a) (b) (c)로 시작하는 구절이나 문장이 나오면 주목해야 한다. 또는 문장이 첫 번째, 두 번째, 마지막으로 같은 말로 시작될 수도 있다. 이는 중요한 이차 요점을 알리는 단서들이다. 저자들은 흔히 다음 절에 논의할 내용을 간략하게 제시하거나 지금까지 논의한 내용을 마무리하는 단계에서 정리를 위해 항목을 열거하곤 한다. 마지막으로 독자는 표와 그래프, 지도 등에 특별히 주의를 기울여야 한다. 거의 틀림없이 저자들은 이러한 장치들을 이용해 가장 중요한 요점을 시각적으로 표현하기 때문이다.

이러한 단서들이 어떻게 사용되는지 몇 권의 책을 분석해 보면 도움이 될 것이다. 어떤 저자들은 다른 저자들에 비해 이들을 좀 더 전문적으로 사용하고 있다. 이러한 단서들에 집중하면 읽는 속도를 높이고 이해력도 보다 향상시킬 수 있다. 실제로 감탄할 정도로 속도가 빠른, 이른바 '한눈에 한 쪽을 읽는' 속독가들은 이러한 단서들을 이용한다. 다시 말하면, 중요한 단서들을 찾아 읽는 것만으로도 전체 내용을 예상할 수 있다. 하지만 이와 같은 책훑기 기술이나 이보다 훨씬 더 중요한 효과적인 공부 기술은 이러한 단서들을 아는 것만으로는 익힐 수 없다. 즉 단서들을 재빨리 찾아내고 사용하는 연습을 해야 한다.

수업 안의 단서

수업(강의) 시간은 한정되어 있기 때문에 교사가 하는 말은 무엇이든 중요할 수밖에 없다. 학생들은 일부 수업은 그렇지 않다고 느낄 수 있는데, 그런 교사도 중요한 요점을 분명하게 전달하는 능력이 미흡해 헤매는 것일 수 있다. 학생들은 나무(요점 풀이)에 너무 몰두한 나머지 숲(요점)을 못 보기도 한다.

교사는 보통 한 번의 수업에서 여섯 개 정도의 요점을 다루려고 한다. 요점은 주요 요점 두세 개와 중요한 이차 요점 몇 개로 구성될 수도 있고, 같은 비중을 지닌 여러 개의 요점이 나열될 수도 있다. 여기서 중요한 기술은, 교사가 수업에서 강조하는 요점이 교재에서도 강조되는지를 분석하는 것이다. 만일 그렇다면, 학생은 중복되는 단서를 찾은 것이다. 이중으로 강조되는 주제는 노트와 교재를 통해 완벽하게 공부해야 한다. 수업에서 책에 없는 내용을 다룬다면, 이는 중요한 보충 요점이라는 의미이므로 교재의 요점과 마찬가지로 확실히 공부해야 한다.

마지막으로, 교사가 수업 중에 제시한 질문을 분석하면 앞으로 나올 시험 문제를 예상할 수 있다. 일반적으로 질문을 할 때 정의나 항목 나열, 응용, 문제점, 판단력 등을 강조한다면, 그에 맞춰 공부하면 된다.

공부를 위한 읽기는 따로 있다

시험 문제 안의 단서

답안지를 돌려받은 대부분의 학생은 이 시험지가 중요한 공부 도구라는 점을 인식하지 못한다. 많은 학생이 자신의 점수를 확인하는 정도에서 그친다. 답안지를 검토하는 학생들은 자신이 잘 푼 문제를 살펴보거나, 자신이 놓친 문제를 두고 교사와 논쟁을 벌인다(말로 표현을 하든 안 하든). 학생들은 두 번째 시험도 첫 번째 시험과 대체로 비슷한 형태일 거라는 점을 인식하지 못한다. 첫 번째 시험 문제를 훑어보면 문제 유형을 알 수 있다. 문제가 주로 ○× 문제인지, 단답형 문제인지, 서술형 문제인지는 중요하지 않다. 그보다는 교사가 정의나 항목 나열, 문제점, 판단력 중에서 어디에 중점을 두었는가? 문제들이 주로 교재나 참고서, 수업에서 출제되었는가? 문제의 주제가 교재의 어느 부분에 있는가? 그것이 표제와 일치하는가? 이러한 방식으로 분석하면, 많은 경우 다음 시험에 대비한 공부법을 터득할 수 있기 때문에 더 많은 노력 없이도 보다 효과적으로 공부할 수 있다.

간단히 말해 교재, 수업, 시험 문제라는 세 가지 단서를 이용하면, 능숙한 학생의 경우 읽기와 수업의 능률이 향상될 뿐만 아니라 다음 시험 준비에도 도움이 된다.

새로운 공부법의 원리

고급 읽기 기술을 개발하는 두 번째 방법은, 교육심리학의 연구들을 분석해 새로운 공부법의 원리를 찾는 것이다. 이러한 실험들은 크게 두 가지 범주로 나뉜다. 하나는 중요한 내용을 선별하고 이해하는 방법이고, 다른 하나는 기억력을 높이는 방법이다.

중요한 내용을 선별하고 이해하기

훑어보기의 효과

여러 연구에서 지적하고 있듯이, 표제나 요약한 내용을 미리 훑어보면 전체 장을 읽는 데 도움이 된다. 어느 실험에서 118명의 대학 2년생들을 같은 조건의 두 그룹으로 나눈 후, 한 그룹(훈련군)에게는 표제와 요약 내용을 훑어보는 방법을 알려 주고, 다른 한 그룹(대조군)에게는 이 방법을 알려주지 않았다. 두 그룹에게 자료를 읽게 한 결과, 훈련군이 대조군보다 24퍼센트 빨리 읽었고 이해도는 같았다. 즉 학생이 미리 훑어보기를 하면 적응력이 높아져 다음에 나올 내용을 어느 정도 예측하게 되고, 자료를 더 빨리 이해하게 된다고 볼 수 있다.

사전 질문의 효과

하지만 무엇보다 중요한 일은 속도는 물론 이해력을 높이는 방법을 찾는 것이다. 여러 실험에서 연구자들은, 학생이 개념을 선별하고 정리하는 기초로 이용할 수 있도록 읽기 전이나 읽는 동안에 질문지를 제공했다. 한 실험자는 170명의 대학생을 두 그룹으로 나누어 과학과 영문학 역사에 관한 자료를 읽게 했다. 한 그룹에게는 읽기 전에 20개의 질문 목록을 주었고, 다른 그룹에게는 목록을 주지 않았다. 학생들은 자료를 읽고 난 후 바로 이해력 시험을 보았고, 2주 후에 다시 40문항의 시험을 보았다(20문항은 첫 번째 시험과 같은 문제였고, 20문항은 새로운 문제였다). 예상대로, 자료를 읽기 전에 질문지를 받은 그룹은 그 문제들을 대조군(질문지를 받지 않은)보다 잘 풀었지만, 새로운 문제들에서는 같았다. 읽기 전에 질문지를 받은 그룹은 전체 검사에서 더 우수했는데, 특히 2주 후에 시행한 검사에서는 더욱 두드러졌다.

　이러한 질문들을 제시하는 시점, 예를 들어 읽기 전이나 읽는 중, 읽은 후 가운데 어느 때가 최적일까? 이 문제를 파고든 흥미로운 실험이 있다. 연구자들은 1,456명의 고등학생을 여러 개의 동등한 그룹으로 나눈 후, 이탈리아의 플로렌스에 관한 기사를 나눠 주고 25분 동안 읽게 했다. 다만, 각 그룹 간에 다음과 같은 차이를 두었다. 즉 첫 번째 그룹에게는 기사에 있는 사실과 요점에 대한 질문을 기사를 읽기 전에, 두 번째 그룹에게는 기사를 다 읽은 후에, 세 번째 그룹에게는 각 질문의 답이 담긴 절이 시작될 때, 네 번째 그룹에게는 절이 끝날 때 제시했고, 다섯 번째 그룹에게는 어느 시점에서도 질문을 제시하지 않았다. 모두 기사를 읽고 난 후에 본 시험에는, 이미 제시된 문제들과 그와 비슷한 다른 문제들이 출제되었다. 이 중에서 가장 효과적인 두 가지 방식은, 기사를 읽기 전에 질문을 제시하는 방식과 질문의 답이 담긴 절이 시작될 때 질문을 제시하는 방식이었다.

　이뿐만 아니라 다른 실험에서도, 이 두 가지 방식 모두 고유의 이점이 있음을 보여주고 있다. 기사를 읽기 전에 질문을 제시하면, 학생이 사실들을 의미 있는 그림으로 짜 맞춰 큰 주제를 파악할 수 있으므로 기억을 유지하는 데 도움이 된다. 다만, 글의 길이가 길 때에는 질문 목록을 머릿속에 분명히 담아두기 힘들기 때문에 자료를 효과적으로 정리하기가 어렵다. 각 절의 첫머리에 질문을 제시하면, 바로 탐구하는 자세로 다음 내용을 구성하는 핵심 개념을 파악할 수 있다.

결과적으로 다음의 두 가지 사실이 분명해진다. 첫째, 교재를 읽기 전에 미리 훑어보고 '무엇에 관한 것'인지를 파악하면 읽는 속도가 빨라지고, 대략적인 내용을 예측할 수 있으므로 사실들을 짜임새 있게 구성해 더 오래 기억하게 된다. 둘째, 한 절을 읽기 전에 질문을 하면 중요한 사실과 요점을 가장 효과적으로 선별하고 기억할 수 있는 자세를 갖추게 된다. 나중에 설명하겠지만, 이 두 가지 방식을 조합해 하나의 효과적인 방법을 만들 수 있다.

도움이 되는 질문을 찾기 위해 학생들은 어떤 자료를 이용할 수 있을까? 교사들은 때때로 학습 방향을 제시하기 위해 학생들에게 질문 목록을 제공한다. 이것이 학생으로 하여금 정답을 찾고 싶게 만드는 목록이라면, 개요를 제시하는 데 유용하다. 하지만 학생이 교재의 각 절을 읽기 전에 자신에게 필요한 중요한 질문들을 어디에서 찾을 수 있을까? 한 가지 방법은 이미 설명했다. 즉 저자들은 주요 개념을 알리기 위해 글 속에 많은 '단서'를 심어 놓는다는 것이다. 이러한 단서 중에서 가장 분명하게 드러나는 것은 볼드체로 되어 있는 표제와 이탤릭체로 되어 있는 구절이다. 이 표제와 구절들은 쉽게 질문으로 바꿀 수 있다. 그런 다음 읽으면서 그의 답이 되는 개념을 찾으면 된다.

학습의 또 다른 문제는, 학생이 가장 효과적으로 소화할 수 있는 학습량을 정하는 일이다. 학생이 한 번에 흡수할 수 있는 교재의 양은 자료의 성질에 따라 다르다. 내용을 잘 알고 있는 교재는 그렇지 않은 교재보다 더 쉽게 소화할 수 있다. 또한 보다 큰 개념을 이해하는 훈련이 상대적으로 부족한 학생도 있다. 따라서 학생마다 읽는 것을 멈추고 방향을 재설정하는 지점을 스스로 정해야 한다. 무작정 계속 읽기만 하면(소설을 읽을 때처럼) 개념들이 서로 엉켜 혼돈이 일어난다. 큰 사고 단위가 끝날 때 멈추면 이해력을 점검할 수 있고 기억을 강화하는 데에도 도움이 된다.

분명히 이렇게 멈추는 지점은 저자의 생각이 마무리되는 곳과 일치해야 한다. 예를 들면, 표제가 달린 절이 끝나는 지점이 이에 해당한다. 더 읽을 수 있어도, 한 표제의 절이 끝날 때 읽는 것을 멈추고 표제를 읽고 만든 질문에 답할 수 있는지 확인하는 것이 좋다. 만약 표제가 달린 절이 몇 쪽에 이를 정도로 양이 너무 많다면, 절을 나누거나 다른 단서를 이용해 가장 좋은 중단 지점을 찾은 후 개념을 정리하고 다음 내용을 이해하기 위해 방향을 재설정해야 한다. 학생이 연습을 거듭할수록 한 번에 소화할 수 있는 단위가 커지고 학습 능률도 향상된다.

요점 정리와 밑줄치기, 요약하기의 효과

지금까지 저자가 드러내려는 주요 개념들을 이해하고 그 개념들 간의 관련성을 찾는 일이 중요하다고 말했다. 다양한 연구자들이, 학생이 자신의 생각을 명료화해 글로 표현하고, 개념과 개념 사이의 관련성을 시각적으로 표현할 수 있는 방법을 개발하려고 노력해 왔다. 이 중에서 학습전문가들이 가장 많이 제안하는 방법은 요점 정리와 밑줄치기, 요약하기 등이다.

많은 학생이 이러한 방법들의 중요성을 잘 알고 있다. 우수한 학생들은 그렇지 않은 학생들보다 읽은 내용을 글로 정리하는 경향이 더 있지만, 우수한 학생 중에서도 그렇지 않은 사람이 많다. 사실 학생이라면 누구나 공감하듯이 노트 정리는 쉬운 일이 아니다. 학생들은 과제 읽을 시간도 빠듯한데 노트 정리할 시간이 어디 있냐고 이구동성으로 말한다. 노트 정리를 시도해 본 많은 학생이 학습 속도가 느려지고 별 도움이 되지 않는 것 같다고 보고 한다. 실제로 일부 학생은 시간이 길어지고 일이 늘어나기 때문에 과제를 소화하기가 더 힘들다고 생각한다.

이러한 관찰 결과는, 학생들이 위에 언급한 다양한 방법을 거의 처음으로 시도했을 때의 학습 효율성과 단순히 읽기를 여러 번 반복했을 때의 효율성을 비교한 실험들에서 밝혀졌다. 한 실험에서는 242명의 대학생이 발췌한 자료를 읽으며 요점 정리와 밑줄치기, 요약하기의 방법을 시도했고, 난이도가 같은 다른 자료는 여러 번 반복해서 읽었다. 결과적으로 이러한 방법들은 효율성에서 별 차이가 없었다. 이런저런 실험에 참여한 학생들의 행동을 분석해 보면, 학생들은 이러한 공부 기술을 활용하는 방법을 잘 모르고, 노트 정리와 쓰기에 무분별하게 몰두함으로써 오히려 이해에 방해가 되고 있음을 알 수 있다. 많은 학생이 이러한 방법들을 한두 번 해보고는 여러 번 반복해 읽는 과거의 방법으로 다시 돌아간다. 이러한 상황은 여자에게 말을 건네기가 어렵다고 호소하는 숫기 없는 소년과 비슷하다. 함께 춤을 추면 말을 건네기가 더 쉽다는 말을 들은 소년은, 춤에 자신은 없지만 다음번 데이트에서는 춤을 추기로 마음먹는다. 데이트가 어땠냐는 물음에 소년은 "말도 마세요, 스텝 밟기 바빠서 한마디도 못했어요!"라고 대답한다.

어떤 방법이든 효과를 발휘하려면, 읽기의 보조 수단으로서 습관처럼 자동적으로 쉽게 이루어져야 한다. 방법 자체가 읽기를 방해하지 않고 도와야 하고, 너무 많은 노력이 필요해서도 안 된다. 많은 학생이 밑줄치기를 가장 쉬운 보조 수단으로 생각한다(다음 장에서 효과적인 밑줄치기 방법을 설명한다). 하지만 밑줄치기는 너무 많은 곳에 줄을 치게 된다든가, 관련성을 나타내기 어렵다든가 하는 단점이 있으므로, 가장 좋은 접근법은 노트 정리의 변형이라고 할 수 있는 '작업 노트working note'를 이용하는 것이다. 이 방식은 대부분의 학생에게 익숙한 일반적인 노트 정리와는 많이 다르다. 작업 노트 방식에서는 나중에 복습하는 시간을 줄이기 위해 완전한 문장 대신 주요 구절만 적는다. 요점이 한눈에 들어오고 시간이 절약될 수 있도록 주요 요점과 이차 요점만 간단히 적는다. 한 장chapter에 대한 노트 분량은 반쪽이나 많아야 한 쪽 정도로 한다. 이차 요점을 들여쓰기하면 주요 요점이 눈에 쉽게 들어온다. 이러한 작업 노트는 간결한 개요가 된다. 읽고 맹목적으로 베끼지 않으려면, 표제가 달린 절과 같이 의미 있는 단위를 읽고 난 후에는 기억을 더듬어 요점을 정리해야 한다.

작업 노트를 처음 이용할 때는 그다지 효과적이지 않을 수 있다. 어떤 방법이든 새로 시작하면 이전의 읽기 습관이 흔들리기 마련이다. 이는 더 효과적이지만 새로운 방식으로 골프채를 쥐고

경기에 임했을 때 점수가 오히려 떨어지는 것과 같다. 하지만 연습을 통해 보통 학생들의 방법보다 훨씬 더 효과적인 공부법을 습득할 수 있다. 이러한 '고급 공부 기술'을 익히기 위한 연습의 필요성과 그 효과는 〈그림 2〉의 그래프에 나타나 있다. 그림에서 볼 수 있듯이, 세 그룹의 학생들이 역사 과목을 공부하며 요점 정리 방법을 처음 사용했을 때는 별 효과를 보지 못했다. 하지만 한 달 동안 연습한 후에는 이 방법이 큰 도움이 되는 것으로 밝혀졌다 (대조군은 요점 정리 방법을 배우지 않은 동등 그룹이었다).

연습 시간이 늘어날수록 효율성이 증가하고 이 효과가 다른 과목에서도 나타난다는 증거는 또 다른 실험에서도 밝혀졌다. 수백 명의 고등학생이 일반적인 학습 자료를 읽고 요점 정리를 하는 강도 높은(6주 동안 매일) 훈련을 받았다. 실험은 요점 정리를 하면서 생각하는 방법에 중점을 두었다. 실험을 마치고 보니, 해당 자료에 대한 이해력이나 다른 과목의 학습 능력에서 훈련군이 대조군(요점 정리 방법을 배우지 않은)보다 뛰어났다.

따라서 글의 요지를 선별하고 이해하기 위해서는 읽기 전에 표제와 끝머리에 요약된 내용을 훑어보고, 표제가 달린 절을 읽을 때 표제를 기초로 질문을 만들며, 절을 읽고 난 후에는 이해력을 점검하고 개념 간의 관련성을 시각화하기 위해 간단하게 요점 정

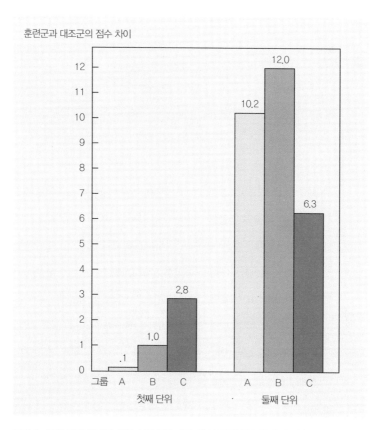

그림 2 요점 정리 방법을 처음 사용했을 때와 한 달 동안 연습한 후에 사용했을 때의 점수 차이. 대조군은 이 방법을 배우지 않은 그룹이다.

리를 하면 도움이 된다. 이때 요점 정리 방법은 언제나 쉽고 간단해야 하며, 연습을 해야만 효과를 볼 수 있다.

실전 연습

／

단서를 찾아 활용하고, 미리 훑어보며, 효과적으로 노트 작성을 하려면 다음과 같이 연습해야 한다.

1 ㅣ이 장을 다시 훑어보며 표제, 숫자나 문자, '첫 번째로'와 '마지막으로'와 같은 핵심 단어, 요약 문장 등과 같은 여러 가지 단서를 표시해 보라.

2 ㅣ다른 책의 한 장을 선택해 저자가 중요하다고 암시한 단서들을 표시해 보라. 이 저자는 훌륭한 단서들을 제공하는가? 이러한 단서들을 잘 활용해 책을 읽는 방법은 무엇일까? 다른 책에서도 단서들을 찾아보라.

3 ㅣ이 장을 읽은 후에 처음부터 다시 살펴보면서 중요한 요점을 알리는 단서들을 찾아 표시해 보라.. 이러한 단서들이 책을 읽는 데 도움이 되었는가?

4 ㅣ이 장에서 사용한 표제들을 적어 보라. 각 표제가 행의 중심에 있는지 가장자리에 있는지, 또 어떤 글자체인지와 같은 편집상의 차이를 살펴 요점 정리를 할 때 각 표제를 확실히 들여쓰기했는지 확인한다. 각 표제가 한눈에 들어오도록 넉넉히 들여쓰기를 한다.

5 ㅣ이렇게 작성한 표제들에 당신이 기억하는 중요한 내용이 모두 들어가 있는가? 이 표제들과 이 장을 읽으면서 작성한 노트를 비교해 보라. 노트 정

리와 비교해 요점 정리(표제)의 장점과 단점은 무엇인가? 예를 들어, 표제의 요점은 길이도 훨씬 짧고 분량도 훨씬 적을 것이다. 하지만 표제 중에는 절의 주제만 드러날 뿐 결론을 알 수 없는 것도 있을 것이다.

6 | 노트를 다시 보며 군더더기를 지워라. 각 행에서 핵심이 되는 한 단어 혹은 한 구절만 남기고 지운다. 예를 들어, "미리 훑어보면 읽는 속도가 높아진다"와 같은 문장이다. 노트가 길면 자세한 내용은 지운다. 주제만 알고 있다면 자세한 내용은 대부분 유추할 수 있다.

7 | 과제의 표제와 요약 내용을 1분 이내로 빨리 훑어보는 연습을 하라. 이렇게 훑어본 후 그 장의 주제가 무엇인지 간략하게 말할 수 있는가? 이렇게 훑어보니 공부가 더 빠르고 쉬워지는가?

망각을 늦추고 기억력 높이기

학생이라면 누구나 느끼듯이 우리는 배운 것을 너무 빨리 잊어버린다. 수업 시간에 질문을 받은 학생들은 "어제까지는 알았는데, 지금은 생각이 안 나요"라고 대답하곤 한다. 〈그림 1〉의 그래프를 보면 배운 것을 너무 빨리 잊어버린다는 사실을 알 수 있는데, 책을 읽은 후 2주만 지나도 읽은 내용의 20퍼센트밖에 기억하지 못한다.

학생들은 공부를 할 때 두 가지 작업, 즉 지식을 습득하는 일과 이를 기억하는 일을 해야 한다. 어떤 학생이 요점을 파악하는 능력을 길러서 수업 직후에 치르는 시험을 잘 볼 수 있지만(이것은 많은 학생이 시험 직전에 벼락치기 공부를 하는 이유이기도 하다), 그렇다고 그 내용이 꼭 기억에 남는 것은 아니다. 따라서 우리는 망각의 원인을 알아내 기억력을 높이는 방법을 찾아야 한다.

많은 사람의 생각과 달리, 망각은 단순히 한번 알았던 내용이 그대로 사라지는 것이 아니다. 학습의 과정처럼 망각의 과정도 어떠한 역동적 양상을 띠므로, 과학자들이 그러한 과정을 연구해 망각을 늦추는 방법을 개발할 수 있다. 연구의 방향을 짐작할 수 있는 몇 가지 사실을 살펴보자.

첫째, 자료에 따라 망각 속도도 다르고 망각 방향도 다르다. 한 연구에 따르면, 어떤 이야기를 읽고 여덟 시간이 지난 후에 이야기의 핵심 내용은 86퍼센트를 기억했지만, 그렇지 않은 내용은 23퍼센트만을 기억했다. 다른 연구에서는, 논란이 많은 기사를 읽고 난 후에는 내용에 공감했을 때보다 공감하지 않았을 때 더 많이 잊어버리는 경향을 보였다. 다윈^{Darwin}은 자신의 진화론과 일치하지 않는 자료는 바로 적어두어야 기억할 수 있지만, 진화론을 뒷받침하는 증거는 훨씬 쉽게 기억할 수 있다는 사실을 깨달았다. 또 다른 연구에서는, 기억은 이전의 지식과 사고방식에 맞춰 서서히 변한다는 점을 강조하고 있다. 예를 들어, 머리색이 붉은 친구가 장기 결석을 하고 있다면, 급우들의 기억 속에서 그의 머리색은 점점 더 붉어진다. 급우들은 항상 그의 머리색을 '붉다'고 생각하기 때문이다. '훌륭한' 왕의 나쁜 행동(끔찍한 악행이 아니라면)은 '나쁜' 왕의 나쁜 행동보다 기억하기 힘들다. 이러한 결과들을 보면, 학생들이 핵심 개념을 더 잘 기억하기 위해서는 학습 내용을 철저히 이해하려고 노력해야 함을 알 수 있다. 더욱이 자신이 장^{chapter}의 전반적인 주제에 공감하지 않는다면 더욱 주의를 기울여 공부해야 한다.

둘째, 망각 속도는 학생마다 다르다. 읽은 직후 실시한 시험에서 가장 좋은 점수를 받았던 학생이 2주 후의 시험에서는 그렇지 않을 수 있고, 직후에는 같은 점수를 받았던 몇몇 학생이 2주 후에는 다른 점수를 받을 수도 있다.

기억력이 좋은 사람들을 연구한 결과를 보면, 우수한 기억력의 요인은 타고나는 게 아니라 특정한 기술과 태도를 습득한 결과다. 기억력에 대한 연구들은 주로 다음의 네 가지 방법으로 접근한다. 즉 흥미, 주요 요점의 선별, 되뇌기 recitation, 그리고 분산 학습이 그것이다.

흥미와 기억하려는 의도

학생이라면 누구나 공부한 것을 기억하고 싶어한다. 적어도 다음 시험 때까지는 말이다. 하지만 기억하려는 구체적인 자료를 머릿속에서 명확하게 이해하려는 마음의 정도와 강도는 학생마다 다르다. 읽고 있는 것을 기억해야겠다는, 양심에서 비롯된 막연한 욕구만을 지닌 학생들이 있다. 하지만 이들의 행동은 소설을 읽을 때처럼 순간순간 이해하면서 읽는 습관이 결정한다. 반면에 주요 요점을 신중하게 선별해 마음에 새겨두려고 노력하는 학생들도 있다. 간단한 교실 실험에서 나타난 읽기 효율성의 차이를 알아보자. 교사가 한 학급의 학생들에게 20개의 단어를 각자 노트에 베껴 쓰라고 지시하면서, 나중에 이 단어들을 시험 보겠다고 예고하지는 않았다. 반면 다른 학급에서는 같은 20개의 단어를 베껴 쓰라고 지시하면서, 나중에 시험을 보겠다고 말했다. 단어를 베껴 쓴 직후에 본 시험에서 미리 통고를 받은 그룹의 점수가 30퍼센트 더 높았는데, 1주 후에 본 시험에서는 이 그룹의 점수가 50퍼센트나 더 높았다.

기억하려는 의도와 기억력을 높이는 활동과 더불어, 학생이 주제에 흥미를 느낄 때도 기억력이 향상된다. 우리는 정규 수업 시간에 일어났던 일보다 연극 발표나 체육대회 때 일어났던 사건을 훨씬 뚜렷하게 기억한다. 학생들은 흥미를 느끼는 자료에서 의미를 찾을 것이고, 이러한 자료를 더 쉽게 기억한다. 이 사실을 잘 아는 교사들은 수업 자료를 흥미롭게 만들려고 노력한다. 한편 학생들은 이 자료에서 의미를 찾으려고 진지하게 노력함으로써 흥미를 느끼게 될 것이다.

주요 요점과 핵심 구절의 선별

영국의 한 연구에서는 학생들의 이해력과 기억력에서 차이가 생기는 이유를 알아내려고 했다. 이 연구에서 우수한 학생은 읽고 있는 절section의 주요 요점을 핵심 구절로 짧게 정리한다고 밝혀졌다. 이러한 방법을 사용하면 내용을 전반적으로 이해하고, 나머지 요점들을 한데 묶을 수 있어 나중에 내용을 다시 기억할 수 있는 기초가 마련된다. 비슷한 예로, 지난주에 열린 학교 파티에 참석한 사람이 누구냐고 물었을 때 평범한 참석자는 기억하기가 어렵지만, 베타Betas나 시그마 누Sigma Nus와 같은 우수 학생 클럽의 회원들이 많이 참석했던 점에 주목하면 참석자들을 기억하기가 더 쉬워진다. 한편 같은 연구에서 성적이 좋지 않은 학생들은 사실들을 뒤죽박죽으로 '전부 다' 기억하려고 하기 때문에, 결국 혼돈이 일어나 많은 부분을 잊어버린다는 점을 발견했다. 간단히 말해, 주요 요점을 기억하면 전체 수업이 더 의미 있고 흥미로워지며 기억의 방향을 쉽게 조절할 수 있으므로 다른 요점들도 함께 기억할 수 있는 기초가 마련된다.

되뇌기의 중요성과 타이밍

기억력을 높이는 가장 효과적인 도구는 매우 간단한 것이지만, 이것을 이용하는 학생은 극히 드물거니와 제때 활용하지도 못한다. 과제를 준비하는 원칙은 실전처럼 연습하는 것이다. 학생들은 수업 시간이나 시험에서 되뇌기를 통해 실력을 보여주어야 하므로, 사전에 되뇌기를 충분히 연습해야 한다. 학생들은 수업 중에 읽고 이해한 내용은 나중에도 알 수 있고 기억할 수 있을 거라는 잘못된 믿음에 빠지곤 한다. 되뇌기를 하면 자료를 확실히 이해하고 기억할 수 있다.

좋은 예로, 이름을 잘 기억하는 사람이 사용하는 방법이 있다. 그는 누군가를 소개받고 나서 바로 그 사람의 이름을 소리 내어 말한다. 그 이름이 정확한지 확인하려는 것이다. 사람들은 보통 누군가를 소개받을 때 자기 생각에 빠져 있는데, 그것은 처음 본 사람이 자신에게 별 의미가 없거나, 이름에 주의를 기울여도 어차피 기억하지 못할 거라고 생각하기 때문이다. 이름을 기억하고자 하는 뚜렷한 의지가 없는 것이다. 설상가상으로, 소개하는 사람의 발음이 또렷하지 않아 이름이 잘 들리지도 않는다. 사람들이 다른 이들의 이름을 익히고 기억하기 어려워하는 게 이상할 것도 없다. 이름을 잘 기억하는 사람의 이야기로 다시 돌아가 보자. 그는 소개받은 사람의 이름을 바로 되뇔 뿐만 아니라 정확하게 알아두기 위해 이름 석 자를 짚어 본다. 그는 대화를 하는 중에도 그 이름을 몇 번씩 불러 본다. 다시 말하면, 그 이름을 마음에 새길 때까지 익히고 사용한다.

되뇌기의 중요성과 되뇌기를 활용하기에 가장 좋은 시간은, 아이오와 주에 사는 수천 명의 고등학생을 대상으로 한 실험에서 찾아볼 수 있다. 학생들이 한 번 읽은 자료를 얼마나 빨리 잊어버리는지를 보여 주기 위해 앞에서 이 결과의 일부를 이미 인용한 바 있다(〈그림 1〉 참고). 이 실험에서 학생들은 자료를 읽은 후 그룹별로 시간 간격을 달리해 시험을 보았고, 이후에도 다시 한 번 시험을 보았다. 첫 번째 시험은 이후의 두 번째 시험을 위한 되뇌기 복습의 역할을 한 셈이다. 이러한 시험을 통한 복습의 결과는 〈그림 1〉의 점선으로 나타나 있다. 읽은 후 바로 복습 시험을 본 그룹은 7일 후에 본 두 번째 시험에서 83퍼센트를 기억했지만, 읽은 후 하루가 지나서 복습 시험을 본 또 다른 그룹은 2주 후에 본 두 번째 시험에서 46퍼센트만을 기억했다. 하지만 두 그룹 모두 복습 시험을 보지 않은 그룹보다는 더 우수했는데, 복습 시험을 보지 않은 이 그룹은 2주 후에 본 시험에서 고작 20퍼센트만을 기억했다. 여기서 우리는 두 가지 사실을 알 수 있다. 첫째, 되뇌기 시험은 기억을 유지하는 역할을 하고, 둘째 이 시험은 빠를수록 좋다는 것이다. 실험자의 말을 빌면 "기억을 유지하는 행위를 하지 않을 때 하루 동안 일어나는 망각량은 복습을 통해 기억을 유지했을 때 63일 동안 망각하는 양보다 더 크다." 이처럼 읽은 후 바로 복습을 하면 다시 읽는 것보다 효과도 훨씬 크고, 시간도 적게 든다.

따라서 기억을 유지하기 위해 되뇌기에 가장 좋은 시간은 읽은 직후다. 그렇다면 교재의 어디쯤에서 되뇌기를 해야 할까? 한 장 전체를 읽은 다음이 좋을까, 하나의 절을 읽은 다음이 좋을까? 만약 교재를 끝까지 읽고 나서 기억을 더듬어 요점을 정리한다면, 세부적인 내용은 기억이 가물가물할 것이다. 그렇다고 중요한 요점을 발견할 때마다 멈춰서 되뇌기를 해서는 안 된다. 예를 들면, 표제가 달린 절과 같이 의미 있는 단위를 읽고 난 후 되뇌기를 하는 것이 가장 좋다. 이렇게 하면 머릿속에서 중요한 요점들을 정리할 수 있으므로 공부의 흐름이 깨지지 않는다.

되뇌기는 어떻게 해야 할까

체계적인 이해에 효과적인 방법들이 대부분 여기에도 적용된다. 그러한 방법은 단순하고 습관적으로 이루어져야 하고, 사고를 도와야지 방해해서는 안 된다. 되뇌기 방법은 쉽고 시간이 적게 들수록 좋다. 요점 정리와 밑줄치기, 요약하기, 핵심 구절 작성하기, 토론하기 등과 같은 되뇌기 방법 중에서도 표제가 달린 절을 읽고 나서 기억을 더듬어 핵심 구절을 자신의 언어로 작성하는 방법이 가장 효과적이다. 기억을 더듬어 핵심 구절을 작성할 때 자신이 없으면 읽은 내용을 다시 살펴보면 된다. 각 장을 읽으면서 단서를 제공하는 구절들을 중심으로 요점 정리를 하면 전체 내용이 알아보기 쉽게 표현된다. 밑줄치기가 되뇌기 방법으로 그다지 효과적이지 않은 이유는, 학생으로 하여금 내용을 재확인하고 중요한 요점을 인식하게 할 뿐, 굳이 장에 대한 자신의 이해력을 점검하게 하지 않기 때문이다.

다행히 이해력을 높인다고 알려진 방법(표제를 질문으로 바꾸고, 읽으면서 답을 찾은 후, 되뇌어 보는 방법) 역시 기억력을 높여준다. 표제를 질문으로 바꿔서 읽으면 요지를 찾는 데 도움이 된다. 이 표제-질문 방법은 한 절을 읽고 난 후 답을 알고 있는지 점검하는 되뇌기의 기초가 되기도 한다. 또한 이 방법은 후에 있을 시험 문제를 예상하는 데에도 유용하다.

이 외에도 두 개의 유용한 되뇌기 방법이 있지만, 이들 방식은 다른 사람의 도움이 필요하다. 교사나 저자가 수업의 요점이 담긴 질문 목록을 제공해 줄 경우, 이를 되뇌기에 활용할 수 있다. 시험을 등급을 나누기 위한 수단이 아닌 학습을 보조하는 도구로 이용한다면, 시험도 이해력을 점검하고 복습을 하는 데 유용하다. 토론도 효과적인 학습 도구가 될 수 있는데, 이것은 쉽게 할 수 있고 기억보다 이해에 중점을 두기 때문이다. 하지만 시간이 맞는 급우를 찾기 어려운데다, 공부와 무관한 잡담을 하고 싶은 충동이 강하게 일기 때문에 토론을 효과적으로 이용하기 어려울 수 있다.

분산 학습과 시간 분배 방법

학습을 촉진하고 기억력을 높이는 비교적 간단한 한 가지 방법은, 전체 내용을 긴 시간을 들여 한 번에 공부하는 대신 같은 시간이라도 몇 번으로 나눠 공부하는 것이다. 한 실험에서는 성인들로 구성된 두 그룹에 전문적인 내용의 문장들을 다섯 번씩 읽게 했다. 이때 한 그룹은 한 자리에서 다섯 번을 계속 읽게 하고, 다른 그룹은 5일 동안 하루에 한 번씩 읽게 했다. 다섯 번을 다 읽고 난 직후 시험을 본 바, 나눠서 읽은 그룹의 기억력이 더 우수했지만, 그 차이는 고작 4퍼센트였다. 하지만 2주 후에 본 시험에서는 이 그룹의 기억력이 20퍼센트, 4주 후에 본 시험에서는 25퍼센트 더 우수했다. 이 실험은 벼락치기 공부의 단점을 시사해주고 있다. 즉 한꺼번에 몰아서 공부를 하면 직후에는 그런 대로 기억을 해도 이후로는 급속한 망각이 일어나는 단점이 있음을 알 수 있다.

공부 시간을 나누는 방법은 공부의 목적에 따라 달라진다. 첫째, 분명히 이해하거나 빨리 학습해야 하는가, 둘째 복습을 통해 재학습해야 하는가에 따라 시간의 분배가 달라진다. 지금은 기억의 유지와 시험 전 복습의 중요성이 공부 시간의 분배를 결정하는 주된 요인이라고만 말해 두자. 처음 접한 어려운 문제를 이해하려고 할 때와 시나 외국어 단어처럼 정확히 외워야 할 때는 공부 시간의 분배를 완전히 달리해야 한다. 후자의 경우에는 전체 의미를 정확히 파악할 수 있도록 처음 읽을 때 충분한 시간을 가져야 한다. 이때는 과제를 다시 읽는 방법보다 즉시 되뇌는 방법이 더 효과적이다. 다음 공부와의 시간 간격은 어느 정도 두어야 할까? 간격이 너무 길면 너무 많이 잊어버리게 되어 새로 공부하는 것과 다를 바 없다. 반면에 간격이 너무 짧으면 피로와 지루함을 느낄 것이다. 이러한 문제에 주목한 한 실험에서는, 같은 조건의 여러 그룹에게 한 장을 네 번 읽게 하되 다음과 같이 시간 분배를 달리했다. 즉 한 번에 네 번 읽기, 세 시간에 한 번씩 읽기, 하루에 한 번씩 읽기, 3일에 한 번씩 읽기로 했다. 〈그림 3〉에서 알 수 있듯이, 이 네 가지 방식 중에서 세 시간 간격으로 네 번 읽었을 때가 가장 효과적이었다. 따라서 이해하기 어려운 내용은 한 번 철저하게 읽은 다음 시간 간격을 두고 다시 읽는 것이 현명한 방법이다.

공부 시간을 분배할 때는 공부가 끝난 직후에 무엇을 할 것인지를 생각해야 한다. 유사한 내용의 공부는 이전 학습에 지장을 줄 수 있는데, 내용을 정확히 외워야 할 때에는 특히 그렇다. 따라서 하나의 시를 외우고 나서 바로 또 다른 시를 공부하면 먼저 외운 시를 더 빨리 잊어버린다. 수업과 수업 사이의 10분의 휴식 시간은 들락거릴 여유를 주기도 하지만, 학생들이 새로운 공부를 하

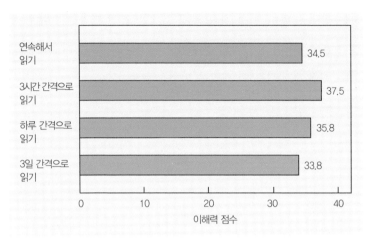

그림 3 같은 자료를 네 번씩 시간 간격을 달리해 읽은 그룹별 이해력 점수

기 전에 앞서 배운 것을 '굳히는' 시간이기도 하다. 저녁에 공부할 때에도 한 장을 마친 다음에는 잠시 쉬었다 다음 장으로 넘어가는 것이 좋다. 이렇게 휴식을 취하면 새로운 장을 공부하다가 중단할 가능성이 줄어든다.

이제 우리는, 학생이 읽고 있는 책에 흥미를 느끼면, 주요 요점을 가려 뽑으면, 기억하려는 의지가 있으면, 공부 시간을 분배하면 기억력을 높일 수 있음을 알게 되었다. 무엇보다 표제가 달린 절을 읽고 난 후에 되뇌는 방법은 큰 도움이 되고, 그 중에서도 가장 바람직한 방식은 '작업 노트'다. 중요한 요점을 선별하고 기억하는 방법을 다룬 이번 절과 앞에 소개한 연구 결과들은 매우 새롭고 효과적이며 통합적인 공부법을 개발할 수 있는 기초를 제공한다. 다음 절에서는 이 새로운 방법을 살펴보자.

공부의 효율을 극대화하는 SQ3R 읽기 기술

　특별한 읽기 기술에 대해 말하는 책들이 적지 않다. 읽는 속도를 높이는 방법을 알려 주는 책이 있는가 하면, 저자로부터 영감을 받는 방법을 설명하는 책도 있다. 하지만 학생들은 교재에 특히 효과적인 방법을 원한다.

　학생들은 (1)알아야 할 내용을 선별하고, (2)이를 빨리 이해하며, (3)기억에 저장하고, (4)시험에 대비해 효과적으로 복습할 수 있는 방법을 원한다. 그 방법은 다시 읽는 것보다 효과적이면서 시간이 적게 들어야 한다. 또한 쉽게 습득할 수 있어야 한다.

　SQ3R 읽기 기술은 이러한 기준에 부합하는, 학습의 효율성을 극대화하는 고급 공부 기술이다. 나는 이 새로운 공부 기술의 이름을 기억하기 쉽고 단순하게 표현하고 싶었다. SQ3R의 각 글자는 이 읽기 기술의 다섯 단계를 의미한다. 다음에 이들 단계에 대해 설명하려고 한다.

SQ3R 읽기 기술의 5단계

Survey 훑어보기

장chapter의 표제들을 훑어보며 앞으로 나올 주요 요점들을 알아본다. 끝머리에 그 장의 요약 내용이 붙어 있는 경우 그 부분도 읽는다. 훑어보는 시간이 1분을 넘지 않도록 하고, 3~6개의 주요 요점들을 선별한다. 이렇게 미리 내용을 파악하면 나중에 읽을 때 요점들을 정리하는 데 도움이 된다.

Question 질문하기

이제 읽기 시작한다. 첫 번째 표제를 질문으로 바꾼다. 이렇게 하면 호기심이 작동해 이해력이 향상된다. 이미 알고 있는 정보가 떠올라 그 절을 더 빨리 이해하게 된다. 질문의 효과로 주요 요점이 부각되고, 세부적인 설명도 인식하게 된다. 표제를 질문으로 바꾸는 것은 표제를 읽음과 동시에 바로 할 수 있는 일이지만, 읽으면서 답을 찾아야 하는 질문을 만들기 위해서는 학생의 의식적인 노력이 필요하다.

Read 읽기

첫 표제가 달린 절을 끝까지 읽으면서 질문의 답을 찾는다. 한줄 한줄 천천히 수동적으로 읽을 게 아니라 적극적으로 답을 찾으며 읽어야 한다.

Recite 되뇌기

첫 번째 절을 읽은 후, 책에서 눈을 떼고 잠시 자신이 만든 질문에 대한 답을 되뇌어 본다. 되뇌기는 자신의 언어로 표현해야 하고, 예도 들어야 한다. 이 단계가 가능하다면 내용을 숙지한 것이다. 만약 그렇지 않다면, 읽은 절을 다시 훑어본다. 기억을 더듬어 되뇌는 좋은 방법 하나는, 종이에 요점 정리의 형태로 핵심 구절을 적는 것이다. 아주 간략하게 적어야 한다!

다음에 이어지는 절에 대해서도 2, 3, 4단계를 되풀이한다. 즉 다음 표제를 질문으로 바꾸고, 읽으면서 질문의 답을 찾으며, 핵심 구절로 요점 정리를 하고, 질문의 답을 되뇌어 본다. 마지막 절까지 이런 방식으로 계속 읽는다.

Review 복습하기

마지막 절까지 다 읽고 나면, 노트를 훑어보며 간략하게 주요 요점들과 그 관련성을 정리하고, 그 아래의 이차 요점들을 되뇌며 내용을 기억하는지 점검한다. 노트를 덮고 주요 요점들을 기억할 수 있다면 점검이 끝난 것이다. 그러고 나서 각 주요 요점에 달린 이차 요점들도 기억해 본다.

훑어보기 · 질문하기 · 읽기 · 되뇌기 · 복습하기로 이어지는 SQ3R 읽기 기술의 5단계를 효과적으로 이용하면 읽는 속도가 빨라지고, 중요한 내용을 찾아내며, 이를 기억에 새기게 된다. 이때 학생은 또 하나의 가치 있는 결과를 얻을 수 있다. 질문으로 바꾼 표제는 보통 시험에서도 강조하는 요점이므로 시험 문제가 아주 친숙하게 느껴질 것이다. 시험 문제를 예상하고 그 답을 미리 찾으면서, 학생은 중요한 내용을 효과적으로 공부하고 있다는 자신감을 갖게 된다.

SQ3R 읽기 기술의 효과

SQ3R 읽기 기술의 효과를 보여 준 몇몇 연구가 있다. 한 실험에서는 몇 차례의 수업을 진행하는 동안 역사 시험으로 학생들의

공부를 위한 읽기는 따로 있다

읽기 능력(읽기 속도와 이해력)을 측정했다. 그러고 나서 학생들에게 며칠 동안 SQ3R 읽기 기술을 연습하게 한 후에 비슷한 읽기 시험을 또 치렀다. 이 읽기 기술을 연습하기 전에는 읽기 속도의 평균 점수가 34점이었으나, 연습한 후에는 56점이었다. 이해력의 평균 점수도 연습 전에는 43점이었으나, 연습 후에는 53점이었다. 또 다른 실험에서는 이 방법이 시험 준비에 얼마나 효과적인지를 측정했다. 이 실험에서 학생들은 난이도가 같은 두 종류의 시험을 보았는데, 첫 번째 시험에서는 자신의 평소 방법대로 공부했고, 두 번째 시험에서는 시험 문제를 예상하는 방법을 배웠다. 첫 번째 시험의 평균 오답률이 15퍼센트인 데 비해, 두 번째 시험의 평균 오답률은 6퍼센트에 그쳤다. 하지만 나는 이 읽기 기술의 효과를 직접 체험한 학생들의 말만큼 설득력 있는 것은 없다고 생각한다. 학생들은 교실로 걸어 들어와 이렇게 말했다. "제가 예상한 20문제 중에 15개가 시험에 나왔어요", "대박, 화학 시험에서 계속 D를 받았는데 어제는 B를 받았어요", "제가 만든 질문 목록에서 그대로 문제가 나온 것 같았어요."

SQ3R 읽기 기술의 단계별 지침

SQ3R 읽기 기술을 처음 사용하다 보면 특정한 오류를 저지를 수 있는데, 그것은 대개 이전의 공부 습관이 끼어들기 때문이다. 학생들이 이것이 무엇인지를 알면 이에 특별히 주의를 기울이게 되어 이 읽기 기술을 익히는 데 도움이 될 것이다. 이러한 주의 사항을 단계별로 살펴보자.

1분 이내에 훑어보기

한 장의 표제들을 훑어보는 시간은 1분이면 족하다. 한번 읽기 시작하면 끝까지 읽는 습관을 지닌 학생들이 있다. 방법을 완전히 익힐 때까지는 표제들만 보고 장의 주제를 예측해 보는 의식적인 노력이 필요하다. 예를 들어 신문이나 잡지, 전에 읽은 책 등과 같이 자신에게 친근한 주제의 읽을거리를 선택해 기사나 장의 표제들을 훑어본 후, 실제로 어떤 내용일지 예측해 보자. 그러고 나서 자신의 예측이 얼마나 정확한지 확인하자.

적극적으로 답을 찾고 생각을 정리하기

표제를 질문으로 바꾸는 행위는 읽을 내용에 적극적으로 관심을 기울이려는 의식적인 노력이다. 각 절을 읽으면서 알고자 하는 내용을 마음속에 분명히 새겨야 하고, 그저 줄을 따라 수동적으로 읽어서는 안 된다. 소설을 읽던 습관 때문에 교재 읽기가 어려워지는 경우가 많다. 사람들이 소설을 읽는 이유는 보통 자신의 고민을 잊기 위해서이지 내용을 기억하기 위해서가 아니라고 한다. 그러한 겉핥기식의 독서 태도가 교재 읽기로 옮겨오면, 내용을 읽으면서 이해하면 그 내용을 기억하고 질문에 대한 답으로 정리할 수 있다는 무의식적인 착각을 일으키게 된다. 하지만 사실은 그렇지 않다. 교재를 읽는다는 것은 공부다. 학생들은 자신이 찾을 것을 알고, 그것을 찾아서, 읽은 것에 대한 자신의 생각을 정리해야 한다.

작업 노트 작성하기

학생들은 계속 읽어 내려가는 경향이 있는데, 표제가 달린 절이 끝나면 멈춰서 절이 시작될 때 물었던 질문에 답할 수 있는지 확인해야 한다. 앞서 설명했듯이, 이러한 과정에서 학생이 내용을 이해했는지 확인할 수 있고, 되뇌기를 통해 요점을 기억할 수 있다. 더욱이 꾸준히 질문에 답하다 보면, 적극적이고 탐구적인 태도로 책을 읽어나갈 수 있다.

되뇌기에는 머릿속으로 답을 복습하는 방법과 실제 글로 써 보는 방법이 있다. 머릿속으로 복습할 때는 막연하게 이해한 듯한 느낌을 확실히 익혔다고 착각하는 경우가 많은 반면, 글로 쓸 때는 답을 언어로 표현하기 때문에 보다 효과적이다. 더욱이 다양한 감각 채널을 사용할수록 학습 효과가 높아진다. 노트를 작성하면 생각하면서 언어적 형상화가 이루어질 뿐만 아니라 시각과 운동 감각의(근육) 신호도 제공된다.

매우 중요한 점은, 노트 작성에 드는 시간과 에너지가 적어야 한다는 것이다. 그래서 노트는 아주 간결하게 적어야 한다. 사실 많은 학생이 SQ3R 읽기 기술에 어려움을 느끼는 것은 바로 이 점 때문이다. 어떤 학생들은 예전 습관대로 책의 내용을 완전한 문장으로 자세히 베껴 쓰려고 한다. 이런 방법은 읽기를 방해하고, 생각의 흐름을 끊는다. 또 어떤 학생들은 중요한 내용이 나오면 읽는 것을 멈추고 책과 노트를 번갈아 보며 손가락으로 한 구절씩 짚어가면서 노트하는 습관이 있다. 사실상 이러한 행동을 하는 학생들은 제대로 그 의미를 생각하며 읽지도 않고 문장을 그대로 베껴 쓰는 것이라고 할 수밖에 없다. 왜냐하면 이들이, 예를 들어 이탤릭체로 되어 있는 구절을 보는 순간 바로 베껴 쓰기 때문이다.

학생들이 SQ3R 읽기 기술에서 권장하는 이른바 작업 노트를 작성하려면 연습을 해야 한다. 첫째, 표제가 달린 절을 다 읽기 전에는 노트 작성을 해서는 안 된다. 둘째, 노트는 기억을 더듬어 작성해야지, 책을 보고 베껴서는 안 된다. 셋째, 노트는 학생 자신의 언어로 작성하되, 한 단어나 한 구절 정도로 간결해야 한다. 강연자가 이야기 순서를 떠올릴 수 있는 토픽 리스트를 작성하듯이, 학생도 자기 나름대로 어떤 요점이 들어 있는지 알 수 있는 단서 단어와 구절들만 노트에 적으면 된다. 주제만 알면, 학생도 그에 대한 설명을 쉽게 할 수 있다. 이런 식으로 작성하면 노트가 간결해져 나중에 복습할 때에도 보기가 쉽다.

62쪽의 표는 앞 절의 내용을 기초로 작성한 작업 노트 견본이다. 이런 식으로 들여쓰기를 하면 요점이 쉽게 눈에 들어오고, 들여쓰기와 함께 간략하게 적으면 이차 요점 역시 한눈에 보기 쉬워진다. 이렇게 간단하게 노트를 작성하면 글이 생소한 사람은 완전한 의미를 알 수 없지만, 노트를 작성한 학생은 이 단서 구절을 보고 글의 내용을 충분히 떠올릴 수 있다.

어떤 일이든 오랜 시간 계속 집중하기는 힘들다. 산업 현장에서 작업의 종류를 바꿔가며 일을 하면 효율이 높아지는 것으로 밝혀졌다. 활동을 바꾸면 덜 지루하고 시작 단계마다 의욕적으로 일할 수 있다. 공부할 때도 읽기와 노트를 번갈아가며 하면, 집중력과 적극적으로 개념을 탐색하는 태도를 유지하기가 더 쉽다. 장전체를 한 번에 다 끝내기보다는 한 절씩 끊어서 읽는 것이 더 쉽다. 이렇게 하면 책의 적당한 지점에서 집중을 멈출 수 있기 때문

앞 절의 노트

새로운 공부법의 원리

1. 중요한 내용을 선별하기 위해

　1) 빨리 훑어보면 속도 향상에 도움

　2) 사전 질문

　　(1) 언제?

　　　· 장 시작 전에

　　　· 절 시작 전에

　　(2) 표제를 질문으로

　3) 요점 정리

　　(1) 처음에는 효과 미약

　　(2) '작업 노트' 효과

2. 기억력을 높이기 위해

　1) 사라지는 것이 아님

　2) 기억 요인

　　(1) 흥미와 기억하려는 의도

　　(2) 주요 요점의 선별

　　(3) 되뇌기

　　　· 2주 후 80% vs 20% 기억

　　　· 직후 되뇌기가 최선

　　　· 최선은 절을 읽은 후 기억을 더듬어 간략하게

　　　　노트를 작성하는 것

　　(4) 분산 학습

에 사고가 흐트러지지 않는다. 실제로 과제를 바꿔가며 공부하면 집중하기가 훨씬 쉬워진다.

바로 복습하기

읽은 직후에 하는 복습은 간단히 끝내야 한다. 보통 5분 이상은 필요하지 않다. 이는 책을 다시 읽는 시간보다는 분명히 훨씬 더 빠르다. 전체 그림을 쉽게 그려볼 수 있도록 종합적인 개요를 점검해야 하지만, 복습이 여기서 그쳐서는 안 된다. 앞서 설명한 대로, 되뇌기를 통해 자료를 확실히 기억에 새겨야 한다. 좋은 방법은 노트를 덮고, 주요 요점을 되뇐 다음 정확도를 확인하는 것이다. 그런 다음 다시 노트를 덮고, 첫 번째 주요 요점에 달린 이차 요점을 되뇐 후에 또다시 정확도를 점검한다. 이를 주요 요점마다 반복해야 한다. 이 방법은 여러 요점 간의 유기적인 관련성을 이해하는 데 도움이 된다. 또한 아직 완전히 습득하지 못한 부분을 찾을 수 있고, 이미 공부한 요점을 머리에 분명히 새겨 쉽게 잊어버리지 않게 된다.

실전 연습

／

골프나 수영과 마찬가지로 SQ3R 읽기 기술을 매우 효과적으로, 몸에 밴 습관처럼 사용하기 위해서는 연습을 해야 한다. 새로운 기술이 늘 그렇듯이 이 읽기 기술 역시 처음에는 어색하고 효과가 없는 것처럼 느껴질 수 있기 때문에 이를 위한 훈련용 연습 지침을 마련했다. 다음은 SQ3R 읽기 기술의 본격적인 연습 전에 알아둬야 할 단계별 주의 사항이다.

1 ｜ 표제를 질문으로 바꾸는 연습을 한다. 이 단계는 그리 어렵지 않은데, 기본적으로 표제가 달린 절을 읽을 때 습관적으로 질문을 던지는 태도를 기르는 것이기 때문이다. 학생들은 보통 표제에 큰 의미를 두지 않고 무심히 읽고 지나간다(심지어 읽지도 않고 지나가기도 한다). 우선 각 표제를 적극적으로 질문으로 바꾼 후, 마음속에 그 질문을 새기고 각 절을 읽는다. 질문은 순간적으로 만들어야 하고, 표현을 다듬으려고 시간과 노력을 허비해서는 안 된다. 근본적으로 이 기술은 각 절을 시작할 때 태도를 전환하는 능력이며, 이는 스스로에게 '자, 지금 이것을 왜 읽는 거지?' 하고 묻는 것이다.

2 ｜ 앞에서 노트 작성을 할 때 단어 수를 줄이고 안으로 들여쓰는 방법에 대

해 설명했다. 이제 '작업 노트'의 의미를 좀더 체계적으로 이해하고, 노트 작성의 발전 정도를 가늠할 수 있는 평가 체계를 설명하려고 한다.

작업 노트는 주요 요점들을 진술하는 핵심 구절들로 이루어져 있고, 요점들 간의 관련성을 분명하게 나타내기 위해 들여쓰기 방식으로 나열된다. 글자체를 단서로 이러한 사항을 대부분 알 수 있다. 상식으로 예측할 수 있는 부수적인 내용은 생략한다. 노트는 한 절을 다 읽은 후에 기억을 더듬어 자신의 언어로 작성해야 한다. 그래야 주요 요점을 선별해 완전히 이해했다는 것을 확신할 수 있고, 그 요점을 기억할 수 있다.

이 장의 일정 부분에 대해 자신이 작성한 노트와 62쪽에 실린 견본을 비교해 보라. 표현의 차이는 크게 중요하지 않다. 하지만 자신이 쓴 구절이 간략하고 구성이나 들여쓰기가 분명한가? 대체로 주요 요점만 적었는가? 작업 노트를 작성할 때 학생들이 흔히 저지르는 실수들을 68쪽에 표로 정리했다. 이 표를 참고하면 노트를 작성할 때 범할 수 있는 실수를 줄일 수 있다. 표를 보면, 100점 만점을 기준으로 전체 형식에 30점, 구성(혹은 형태)에 35점, 표현력에 35점을 부여하고 있는데, 자신의 노트를 평가할 때에도 이러한 점수 배점을 하면 된다.

3 ㅣ SQ3R 읽기 기술의 가장 어려운 점 하나는, 절이 끝난 후에 노트 작성을 할 수 있는 능력을 기르는 일이다. 대부분의 학생은 바로 적어놓지 않으

면 요점을 잊어버리지 않을까 염려하며, '책에 있는 단어가 최선의 표현'이라고 생각하기 때문에 그 단어들을 그대로 사용하려는 경향이 있다. 그러나 이런 식으로 하면 내용을 거의 이해하지 못하고 글자만 베끼는 결과를 낳는다. 처음에는 중요하게 보였던 것도 절 끝에 가면 중요하지 않은 것으로 밝혀지거나 반론이 제기될 수 있기 때문에, 끝까지 읽지 않으면 너무 많은 요점을 적게 된다. 따라서 표제가 달린 절을 끝까지 읽고 기억을 더듬어 자신의 언어로 간결하게 요약 구절을 작성하는 연습을 집중적으로 해야 한다. 초기에는 교재에 수록된 짧은 글이나 《리더스 다이제스트》와 같은 잡지에 실린 간단한 기사 등으로 연습해야 할 것이다. 하지만 결국에는 보다 긴 절들도 다룰 수 있도록 이 기술을 연마해야 한다. 앞서 지적했듯이, 대단히 긴 절의 경우에는 유의미한 하위 절에서 끊어 읽을 수 있어야 한다.

4 | SQ3R 읽기 기술의 마지막 단계인 '복습'은 두 단계로 나뉜다. 첫째, 노트를 재빨리 검토해 구성을 파악하고 강조한 부분을 본다. 둘째, 노트를 덮고 절별로 되된다. 많은 학생이 노트를 뚫어지게 바라보면서 머리에 새기기를 기대하지만, 기억을 더듬어 되뇌거나 점검하는 편이 훨씬 유익하다. 요점이 기억나지 않을 때는 노트를 살짝 들여다보고 다시 시도하면 된다. 한 장을 다 읽은 후에 실행하는 이 복습 단계는 5분 이상 걸리지 않아야

한다. 머릿속에 공부한 내용이 생생하게 남아 있을 때 이 방식으로 복습을 하면 속도도 빠르고 기억도 잘 된다. 그리고 다음날 학습 내용을 얼마나 더 잘 기억하게 되는지 보라.

5 ㅣ 지금까지 SQ3R 읽기 기술을 단계별로 복습해 보았다. 이제 이 읽기 기술을 종합적으로 연습할 차례다. 선택한 과목의 교재를 공부할 때 이따금 '읽는 속도'를 재어 보고, 자신이 작성한 노트의 질과 이해력도 나름대로 평가해 보라. 읽는 속도는 적어도 분당 150자 이상은 되어야 한다. 이 속도 이하는 너무 느리기 때문에 수업을 따라가기 힘들다.

처음에는 읽는 속도가 크게 향상되는 경향이 있지만, 어느 순간이 되면 더이상 속도를 높이기가 어려워진다. 새로운 기술은 오랜 시간 연습을 해야만 몸에 익고 획득한 수준을 유지할 수 있다. 즉 효과적이고 습관화된 기술을 얻기 위해서는 교실 안팎에서 많은 연습을 해야 한다.

노트 작성 때 흔히 저지르는 실수

실 수	이 유
전체 형식(30점)	
· 글씨를 알아보기 힘들다	▶ 복습할 때 읽기 힘들다
· 공책 크기가 너무 작다	▶ 들여쓰기가 어렵고, 구성이 눈에 들어오지 않는다
· 공책 수가 너무 많다; 과목이 뒤섞여 있고, 뜯겨 나간 면이 있다	▶ 추적하기가 힘들다; 분실의 위험이 있다
· 너무 자세하다	▶ 작성하고 읽는 시간이 낭비된다
구성 혹은 형태(35점)	
· 맨 위에 표제를 달지 않았다	▶ 금방 눈에 들어오지 않는다
· 단순한 목록의 나열에 불과하다; 들여쓰기가 부적절하다; 같은 수준의 요점인지 명확히 드러나지 않는다	▶ 구성을 알아보기 힘들다; 교재는 사실을 나열한 전화번호부가 아니다
· 번호나 강조 표시가 없다	▶ 구성을 알아보기 힘들다
· 하위 제목이 표제와 관련이 없다	▶ 이해하기 힘들다
표현력(35점)	
· 장황하다	▶ 작성하고 읽는 시간이 낭비된다
· 일부 주요 요점이 빠져 있다; 단서 단어가 구절 속에 묻혀 있다	▶ 이해하기 힘들다; 쉽게 알아보도록 가능한 단서 단어를 처음에 쓴다
· 자신의 언어가 아니다	▶ 자신의 언어를 쓰면 확실히 이해할 수 있고, 대개는 더 간결하다
· 절을 다 읽기도 전에 쓰기 시작한다	▶ 베끼거나, 너무 많이 쓰게 된다

공부를 위한 읽기는 따로 있다

CHAPTER **03**

참고자료와 문학작품,
그래프와 표 읽기

일반적으로 행해지는 밑줄치기는 작업 노트보다

훨씬 비효과적이다. 그러나 일부 주의 사항만 유념한다면

효과적인 공부 기술이 될 수 있다.

우리는 2장에서 SQ3R 읽기 기술을 배웠고, 무작정
읽는 것보다 이 방법이 효과적임을 보여 주는 연구 결과들을
살펴보았다. 2장에서는 교재를 읽고 공부하는 방법에
초점을 맞췄지만, 대다수 학생들은 교재 이외의 자료들도
공부해야 한다. 과목에 따라서는 참고자료와 문학작품을
읽어야 하기도 하고, 그래프와 표 · 도표 · 지도 등이
큰 부분을 차지하기도 한다. 이번 장에서는 SQ3R 읽기
기술을 응용해 이러한 자료들에 대한 공부 기술을 향상하는
방법을 살펴볼 것이다. 또한 SQ3R 읽기 기술을 활용해
교재에 더욱 효과적으로 밑줄 치는 방법을 — 노트 작성보다
훨씬 적은 노력이 들기 때문에 일부 학생들은 이 방법을
선호한다 — 제안할 것이다.

전체 구조가 한눈에 들어오는 밑줄치기 방법

교재의 주요 요점에 밑줄을 치거나 여타 표시를 하는 방법은 나중에 복습을 위한 보조 장치로써 흔히 이용된다. 쓰는 것보다 밑줄을 치거나 표시를 하는 것이 쉽기 때문에 많은 학생이 노트 작성보다는 밑줄치기를 선호한다. 게다가 학생들은 번거로움을 덜기 위해 교재에 바로 '메모'하는 것을 좋아한다. 일반적으로 행해지는 밑줄치기는 '작업 노트'보다 훨씬 비효과적이다. 그러나 일부 주의 사항만 유념한다면 효과적인 공부 기술이 될 수 있다. 따라서 밑줄치기를 선호하는 사람이라면 이것의 문제점과 효과적인 사용 방법을 알아야 한다.

밑줄치기의 문제점 중 하나는, 이것이 너무 쉽다는 데 있다! 학생들은 읽으면서 중요해 보이는 문장에 모두 밑줄을 치고, 혹시 그 문장을 더 심도 있게 설명하는 문장이 나오면 또 밑줄을 친다. 그러다 나중에 다른 논점이 핵심 개념으로 떠오르면 그 문장에 또 밑줄을 친다. 그러나 읽기에도 관성이 작용하기 때문에 이전 내용으로 돌아가서 밑줄을 지워 버리기란 대단히 어렵다. 그 결과 중요한 요점, 반복된 요점, 상반된 요점들에 모두 밑줄이 그어져 쪽 전체가 밑줄로 꽉 차게 된다. 더욱이 학생들은 문장 전체에 밑줄을 치려는 경향이 있는데, 저자가 자신의 의도를 명확히 쓰기 위해 작성한 긴 문장을 읽으려면, 노트를 작성하면서 쓴 간략한 구절을 읽을 때보다 그 양이 한층 많아질 수밖에 없다.

나중에 복습할 때에도 표시가 많아서 할 일이 많아지고, 상반된 내용에도 밑줄이 그어져 있어 혼동이 생긴다. 이런 식으로 밑줄을 치면 보통 한 가지 기호만을 사용하게 되기 때문에 복습할 때 중요도를 파악하기 어렵다. 학생들은 밑줄 친 내용을 다 읽고 나서 정말로 중요한 요점이 무엇인지 찾아야 한다.

또 하나의 문제는, 학생들이 주요 요점을 이해하고 기억하기 위해서가 아니라 단지 중요한 문장에 표시를 하기 위해서 읽는 습관이 자신도 모르게 들 수 있다는 점이다. 이러한 함정에 빠진 학생들은 이탤릭체로 된 문장을 보는 즉시 밑줄을 치고는 읽지도 않고 다음으로 넘어간다(물론 표시는 읽기의 부수적인 행위이고, 이후의 복습을 위해서만 유용할 뿐이다). 다시 말해, 보통의 밑줄치기 방법으로는 읽고 있는 자료의 전체 구조를 파악할 수 없다. 이때 학생은 마치 내용에는 별 관심 없이 받아 적기만 하는 속기사처럼 자료에 밑줄을 친다.

'작업 노트'를 작성할 때는 표제heading가 달린 절을 다 읽은 후에 주요 요점을 간략한 구절로 적어야 한다는 점을 기억할 것이다. 이렇게 함으로써 학생들은 읽은 것을 다시 생각하게 된다. 자신의 언어로 적으면 이해력을 점검할 수 있고, 적으면서 기억을 굳히게 된다. 이것은 밑줄치기를 잘 해도 가능하다. 즉 표제가 달린 절을 다 읽은 후에 처음부터 다시 훑으며 밑줄을 치면 가장 중요한 요점만 표시할 수 있다. 이런 식으로 밑줄을 치면 앞으로 돌아가서 다시 읽어야 하지만, 나중에 복습할 양이 크게 줄어든다. 이해력을 점검하기 위해서는 요점을 상기해 보고, 주요 요점으로 표시할 필요가 있는 것에만 신중하게 밑줄을 쳐야 한다. 중요도에 따라서 밑줄에 숫자나 기호 표시를 하거나, 가장 중요한 요점에는 두 번 밑줄을 치거나 별표를 하면 마구잡이식 밑줄치기를 방지할 수 있다. 복습할 때에도 학생이 주요 요점들과 그 아래에 몇 개의 이차 요점들이 달려 있는지 빨리 알아볼 수 있다. 이렇게 체계적으로 노트를 작성하면 보기가 더 쉽지만, 체계적으로 밑줄치기만 해도 상당한 도움이 된다. 숫자나 기호로 표시하는 데에는 여러 가지 체계가 있을 수 있지만, 학생 스스로 몇 단계로 구성된 하나의 체계를 만들어 사용하는 것이 좋다. 그렇게 하면 복습할 때 표시 기호를 보고 요점의 중요도를 바로 알 수 있다.

간단히 말해, 밑줄치기는 다음과 같은 단계를 밟을 때 효과적인 공부법이 될 수 있다.

1 ㅣ 밑줄을 치기 전에 표제가 달린 절을 끝까지 읽는다.

2 ㅣ 주요 요점을 선별한다.

3 ㅣ 핵심 구절(들)에만 밑줄을 친다.

4 ㅣ 숫자나 기호 등의 표시 체계를 이용해 각 요점 간의 관련성을 나타낸다.

SQ3R 읽기 기술(밑줄치기를 사용한)은 다음과 같이 진행된다.

1 ㅣ 표제와 요약 내용을 훑어보고 요지를 재빨리 파악한다.

2 ㅣ 절을 읽기 전에 표제를 질문으로 바꾼다.

3 ㅣ 읽으면서 질문의 답을 찾는다.

4 | 무엇이 중요한 것인지를 생각하고 그 요점을 간략하게 나타내는 구절(들)을 찾아 질문의 답을 되뇐다. 하나의 단서 구절에만 밑줄을 치도록 주의하고, 표시 체계를 이용해 각 요점의 중요도를 표시한다.

5 | 이러한 방식으로 한 장을 전부 읽은 후에는 밑줄 친 요점 부분을 복습하며 장 전체 내용을 파악한 다음, 다시 되뇌기를 해 그 요점들을 머리에 새긴다.

이러한 밑줄치기 방식은 기계적인 표시가 아닌 보다 적극적인 사고 과정이라는 점에서 일반적인 밑줄치기 방식과 중요한 차이가 있다. 또한 네 번째 단계를 제외하면 이 방식은 앞 장에서 설명한 SQ3R 읽기 기술과 매우 유사하다. 네 번째 단계를 수정한 이유는 밑줄치기를 활용하기 위해서뿐만 아니라, 생각한 후에 최소한으로, 그리고 체계적으로 밑줄을 침으로써 이후의 복습에 사용하기 위해서다.

참고자료 읽기

　　지금까지 SQ3R 읽기 기술을 소개하면서 사회과학·생명과학·자연과학·경영학·농학·가정학·군사학·미술 등 대부분의 과목에서 일반적으로 사용하는 교재를 공부하는 방법을 중점적으로 다루었다. 이들 교재에서는 주요 요점들이 체계적으로 제시되며, 표제와 요약 내용은 이러한 체계에 한몫을 더한다. 한편 학생들은 때때로 이들 과목의 참고자료를 읽어야 하고, 어떻게 하면 이 자료들을 잘 읽을 수 있는지 궁금해한다. 이 참고자료들은 교재와 같은 방식으로 쓰여 있을 수 있지만, 특정한 표제의 절에서 원하는 답을 바로 찾기가 힘들다. 또한 참고자료가, 예를 들어 수필이나 역사소설처럼 아주 다른 방식으로 쓰인 경우에는 특정

공부를 위한 읽기는 따로 있다

한 절에서 답을 찾기가 어렵기 때문에 학생들은 이러한 자료들을 공부하는 최선의 방법을 알고 싶어한다.

만약 학생이 교재를 읽듯이 이러한 참고 자료를 읽는다면, 속도가 너무 느려 사실상 시험 준비를 제대로 하기가 어렵다. 학생으로서는 더 빠르고 효과적인 공부 방법을 원할 것이다.

참고자료를 읽는 목적

참고자료를 읽는 방법을 개발하는 첫 단계는, 그 자료를 읽어야 하는 이유를 아는 것이다. 기본 교재만으로도 학습 과정에서 다루어야 할 여러 가지 요점을 열거할 수 있지만, 교사들은 참고자료를 이용해 어떤 요점의 의미를 더 확실하게 이해시키고자 한다. 예를 들어, 역사 과목에서 소설을 이용해 프랑스혁명 당시의 생활상을 알려주기도 하고, 과학 과목에서 자서전을 이용해 유명한 과학자의 관심사가 어떻게 발전되었는지를 보여 주거나, 어떤 발견 뒤에 숨은 이야기를 들려줄 수도 있다. 교사들은 때로는 교재에서 어떤 요점에 대한 설명이 불충분하다고 생각할 때, 그 요점을 보다 완전히 설명하기 위해 참고자료를 이용하기도 한다.

교사들은 학생이 이러한 참고자료를 읽고 기본 교재에서처럼 모든 요점을 기억하기를 기대하지 않는다. 이러한 자료에서는 주요 요점만 중요할 뿐이다. 어떤 교사는 학생들이 과제물을 정말로 읽었는지 확인하기 위해 '세부적인 내용'을 묻기도 하지만, 이런 경우에도 주요 사건이나 장의 핵심 내용을 묻는 경향이 있다. 따라서 학생들은 이러한 질문에 대비해 자료에서 다루는 주요 주제들을 선별할 줄 알아야 한다. 책의 구성과 주요 주제들을 알아내려면, 먼저 서문과 장별 표제를 보고 요약 내용이 있다면 그것도 봐야 한다. 그런 다음 참고자료의 주제가 기본 교재와 수업에서 어떻게 다루어졌는지를 살펴야 한다. 이로써 참고자료의 내용을 평가할 수 있는 기초가 마련된다. 예를 들어, 교사가 참고자료와 교재의 관점이 상반된다고 말한다면, 먼저 교재의 논지를 생각한 다음, 그것을 염두에 두고 참고자료에서 유사점과 차이점을 찾는 것이 중요하다.

SQ3R 읽기 기술을 이용한 참고자료 읽기

SQ3R 읽기 기술을 이용해 참고자료를 읽는 경우, 첫 번째 훑어보기 단계에서는 그 책을 선정한 이유를 생각해 보고 대략적인 내용을 파악하기 위해 서문과 장별 표제를 읽는다. 두 번째 질문 단계에서는 이 요점들을 모두 질문으로 바꾼다. 한 번에 한 가지 질문만 생각하지 않고 여러 가지 질문을 모두 염두에 두고 읽어야 한다. 학생이 이 질문들을 적어 두고 가끔씩 들여다본다면 마음에 새기는 데 도움이 될 것이다. 더 나아가 이 질문들을 한 장의 종이에 넓은 간격으로 써 놓으면, 한 절이나 장이 끝날 때마다 그 아래 빈칸에 주요 요점을 적을 수 있다. 세 번째 읽기 단계에서는 앞에 만들어 놓은 여러 가지 질문의 답을 찾는다. 주로 핵심 개념을 찾아야 하고 읽는 속도도 높여야 하므로, 한 번 읽고 되뇌는 단위는 표제가 달린 하나의 절보다 길어질 수 있다. 긴 절이나 장이 끝나는 지점은 대체로 읽는 것을 멈추고 평가를 하기에 좋다. 따라서 네 번째 되뇌기 단계에서는 목록의 질문에 적절한 답을 상기하도록 한다. 한 번 읽고 되뇌기를 하는 양이 비교적 많기 때문에, 때로는 다시 훑어보면서 특정 요점을 마음에 새기고 그것을 간단히 메모할 필요가 있다. 하지만 이렇게 다시 훑어보는 시간이 너무 길어서는 안 된다. 마지막으로 복습 단계에서는 노트를 훑어보면서 각 질문의 답이 정확한지(필요한 때는 편집한다) 확인한 다음, 노트를 덮고 각 질문의 답을 되뇐다.

때로는 교사가 참고자료 목록을 주면서 학생들이 읽고 싶은 책을 선택하도록 한다. 이는 학생이 개인적으로 특히 흥미를 느끼는 책을 더 읽게 하려는 것이다. 이런 경우 교사는 시험보다 독후감(혹은 레포트)을 요구할 가능성이 크다. 하지만 학생이 효과적으로 책을 읽고 독후감을 쓰고 싶다면, 이 경우에도 읽기와 같은 원칙이 적용된다. 학생은 자신이 책을 선택한 이유와, 교사가 책에서 기대하는 바가 무엇인지 생각해야 한다. 또한 서문과 장별 표제를 훑어보고 책의 내용을 대략 파악해야 한다. 이러한 개념들을 바탕으로 학생은 주요 요점(질문)들을 메모할 수 있고, 이 요점들을 넓은 간격으로 써 놓으면 나중에 노트 작성을 할 때 활용할 수 있다. 그런 다음 학생은 이 질문들을 염두에 두고 한 장을 한 번에 읽는다. 한 장이 끝나면, 학생은 각 절에서 찾은 개념들을 메모하면서 읽은 내용을 되뇌어야 한다. 마지막으로 책을 다 읽은 후에는 복습을 해야 하는데, 우선 노트 작성을 하며 전체 개요를 정확히 적었는지 확인하는 것이 좋다. 이 노트는 독후감(혹은 레포트)을 쓸 때 이용하거나, 독후감 발표를 위해서는 노트를 덮고 주요 요점들을 되뇌는 연습을 한다.

공부를 위한 읽기는 따로 있다

문학작품 읽기

학생들이 문학 과목에서 읽기 과제를 할 때 마주하는 어려움은 보통 두 가지다. 어떤 학생들은 과제로 주어진 소설을 흥미나 심심풀이로 볼 때처럼 읽는다. 이러한 학생들은 간단한 시험을 볼 때에도 책의 내용을 잘 기억해내지 못한다. 소설을 가볍게 읽는 학생들은 (무의식적으로) 이야기를 기억하려고 애쓰지도 않고, 작품성을 분석하려고도 하지 않는다. 반면 소설의 내용을 기억하려고 하는 학생들은 일반 교재를 보듯이 책을 읽기 때문에 사건의 시시콜콜한 내용까지—누가 어디에 가고, 누가 누구와 결혼을 하고—기억할 수 있다. 하지만 이런 식으로 읽으면 짜증이 날 수밖에 없는데 그 이유는, 첫째 소설에는 방향을 제시해 주는 표제가 없고, 둘째 그렇게 시시콜콜한 내용까지 다루는 시험 문제가 거의 없기 때문이다. 결과적으로 학생들은 문학 과제를 읽으면서 자주 혼란을 느낀다.

따라서 소설 · 수필 · 시 · 희곡과 같은 문학작품을 읽을 때와 일반 교재를 읽을 때의 요구 사항이 어떻게 다른지를 아는 것이 중요하다. 첫 번째 단계는 문학작품과 일반 교재의 차이점을 살펴보는 동시에, 예를 들어 어떤 수필이 다른 책에 비해 '고전'으로 간주되는 이유를 생각해 보는 것이다. 두 번째 단계는, 문학작품을 읽는 목적과 일반 교재를 읽는 목적이 어떻게 다른지를 생각해 보는 것이다. 이러한 사항들을 짚어 보면, 문학에서는 어떤 방향의 읽기가 필요한지 단서를 얻을 수 있을 것이다.

문학과 교재의 글쓰기의 차이점

소설 · 수필 · 시 · 희곡과 같은 문학작품의 글쓰기 방식은 대부분의 교재에서 볼 수 있는 것과는 매우 다르다. 무심한 독자의 눈에도 구조적인 차이가 확연히 드러난다. 예를 들어, 엄격한 형식의 소네트를 교재와 혼동하는 일은 없다. 이유를 하나 들자면, 소네트는 단 14행으로 되어 있기 때문이다. 마찬가지로 간단한 지문을 빼고는 온통 대화체로 이루어진 희곡도 구조에서 교재와는 뚜렷한 차이가 난다. 하지만 수필은 어떤가?

교재와 수필은 둘 다 산문체다. 저자의 생각이 단락 안에서 논리적으로 전개되어 한 가지나 그 이상의 결론에 이른다. 교재는 보통 길이가 꽤 길고 주제에 따라 장으로 나뉘는데, 수필 중에서도 예를 들어 밀J. S. Mills의《자유론On Liberty》과 같이 장으로 나뉘는 것이 있다. 교재와 수필은 구성에서 확실히 차이가 나지만, 근본적인 차이점은 글의 질에 있다. 교재는 수업을 진행하는 사람의 관심 주제만 적절히 다루면, 특별히 훌륭한 글이 아니어도 괜찮다. 사실 전달에 중점을 둔 자료는 직설적인 문장으로 표현되며, 표제에는 저자가 중시하는 주제가 뚜렷이 나타난다. 반면에 훌륭한 수필은 주제보다는 명료하고 유려한 문체가 돋보여야 한다. 모범적인 수필들은 아름다운 글의 표본으로 충분히 '미문belles-lettres'이라 부를 만하다.

다음에 링컨이 쓴 게티즈버그 연설문과 대학교수가 썼음직한 연설문을 비교해보려고 한다.

링컨의 연설문

지금으로부터 87년 전 우리 선조들은 이 대륙에서 자유 속에 잉태되고 만인은 모두 평등하게 창조되었다는 명제에 봉헌된 새로운 나라를 탄생시켰습니다.

우리는 지금 거대한 내전의 소용돌이에 휩싸여 있으며, 이 나라가, 아니 그렇게 잉태되고 봉헌된 어떤 나라가, 과연 오랫동안 생명력을 유지할 수 있는지 시험받고 있습니다.

대학교수의 가상 연설문

87년 전 개척 노동자들은 이 대륙에서 자유로운 경계와 천부적인 평등이라는 기본 조건의 이념에 바탕을 둔 새로운 집단을 만들었습니다. 우리는 지금 이러한 조건에서 운영되는 이 집단 혹은 어떤 집단의 수명이 의미있는지를 판단하기 위해 갈등 요인들에 대한 전반적 평가 작업에 적극 참여하고 있습니다.

링컨이 쓴 게티즈버그 연설문과 재능이 변변치 않은 저자가 쓴 연설문은 어떻게 다른가? 국어 교사라면 그 차이점을 강조하고 읽기 과제를 통해 그 예를 보여주려고 할 것이다. 교사는, 학생이 과제물을 읽으면서 좋은 글쓰기 방법을 알게 되기를 바란다. 수필과 교재의 차이점은 다음과 같다. 즉 수필가는 자신의 의도를 명확하게 전달할 수 있도록 단어를 신중하게 선택해 문장과 단락을 구성한다. 뿐만 아니라 수필가는 개념들을 적절하게 배열해 독자가 수필의 결론으로 쉽게 빠져들도록 한다. 수필가는 관련성을 명확히 하기 위해 비유를 들기도 하고, 개념을 강조하기 위해 과장을 하기도 한다. 병렬적 구조가 이어지는 글에서처럼, 산문율소설 · 수필과 같이 겉으로 드러난 운율이 없이 쓰인 글__옮긴이을 사용해 글의 효과를 더하기도 한다. 간단히 말해서, 수필 문학은 단어의 선택, 문장이나 단락의 구성, 개념의 전개나 흐름, 비유 · 반어 · 리듬과 같은 기법을 동원해 매우 효과적이고 좋은 글쓰기 방법을 보여 준다.

수필 문학은 또한 어떤 주제를 구체적이거나 사실적으로 기술할 뿐만 아니라(혹은 기술하는 대신) 주제의 정서적이거나 심미적이거나 주관적인 측면을 표현하기 위해 다양한 강조법을 사용한다는 점에서도 교재와 다르다. 그리하여 밀은 자신의 유명한 수필에서 자신의 편견을 열정적이고도 솔직하게 드러냈다. 어떤 수필은 주제에 대한 저자의 주관적 태도를 드러내는 것은 물론 사실과 개념까지도 전달하는 두 가지 기능을 지닌다. 또 어떤 수필은 단순히 설명적인 글인데도 유혹적인 문체와 글솜씨가 돋보이기도 한다.

지금까지 설명한 수필과 교재의 차이점은 교재를 시와 희곡 · 소설과 비교할 때 더욱 두드러진다.

문학작품을 읽는 목적

이러한 글쓰기 방식의 차이점을 살펴보면, 학생이 좋은 문학작품을 읽어야 하는 한 가지 이유를 알 수 있다. 좋은 글을 감상하는 법을 배우게 된다는 것이다. 그러한 좋은 글에서 사용한 기법에 관한 문제가 국어 시험에 나오기도 한다(그리고 학생이 분명하고 효과적인 글쓰기를 할 수 있도록 돕기도 한다).

국어 교사는 또한 학생이 유명한 문학작품의 내용에 친숙해져서 누군가가 그 작품을 비유할 때 그 의도를 쉽게 알아차리기를 바란다(교사는 학생이 책을 다 읽었는지 확인하기 위해 최소한의 내용 파악 여부는 점검해야 한다!).

더욱이 교사는 읽기 과제를 통해 학생이 일상에서는 접하기 힘든 모종의 간접적이고 정서적인 경험을 하기를 바란다. 그러한 경험은 유명인을 만나는 일처럼 흥미롭고 뜻깊은 것이지만, 학생이 받는 인상은 개인마다 다르다. 따라서 시험 문제 중의 일부는 그러한 경험이 학생에게 어떤 독특한 영향을 미쳤는지를 알아보려는 의도에서 만들어진 것이다. 다시 말해 교사는 학생이 선정된 책을 좋아하는지, 그 책이 그에게 어떤 의미가 있었는지, 그리고 그 이유는 무엇인지를 알고 싶어한다. 훌륭한 국어 교사라면 학생이 정서적 배출구를 선정하고 음미하는 능력을 개발하도록 돕고

싫어한다. 사람은 누구나 자신을 정서적으로 표현할 수 있는 수단을 필요로 하는데, 다양한 형태의 문학은 이러한 대리적 경험을 제공해 준다. 더욱이 문학작품을 읽음으로써 학생은 작품을 보는 안목을 키우고 그에 대한 감상 능력을 개발함으로써 보다 높은 만족감을 얻을 수 있다. 또한 학생으로 하여금 특정 구절이나 문장에 친숙해지도록 하는 것도 교사의 관심사인데, 이러한 능력은 때로 타인에게 어떤 정서적·심미적 혹은 주관적인 감정을 전달하고자 할 때 사용되곤 한다.

마지막으로 국어 교사는 학생이 작품의 내용뿐만 아니라 저자의 의도 또한 파악하기를 바란다. 이는 겉으로 드러나지 않는 저자의 의도를 분석하는 일에서 시작해서 특정한 이야기를 쓰게 된 소설가의 동기가 무엇인지를 찾아내는 일에 이르기까지 매우 다양하다.

간단히 말해, 학생이 문학작품과 다른 읽기 과제의 차이점을 살펴본다면 국어 교사가 그 책을 읽히는 목적을 알아낼 수 있다. 교사는 학생이 다음과 같은 사항을 알기를 바랄 것이다. 첫째, 저자가 자신의 저술 목적을 효과적으로 달성하기 위해 어떤 기법을 사용하는가? 둘째, 이 작품이 지닌 정서적 혹은 주관적 목적은 무엇인가? 셋째, 이 작품 속에 지식층에서 회자되는 에피소드와 인용문이 있는가? 넷째, 학생은 이 작품을 어떻게 생각하는가? 이 작품이 학생에게 미친 영향은 무엇인가? 다섯째, 학생은 심미적 혹은 정서적으로 뛰어난 표현을 고르고 감상하는 어떤 방법을 배웠는가? 여섯째, 이 작품을 쓴 저자의 의도는 무엇인가? 교사가 어떤 읽기 과제를 선택할 때 이러한 목적들을 모두 고려할 수는 없겠지만, 학생이 교사의 지침을 잘 듣고 조금만 더 생각해 보면 이들 목적에 부합되는 항목을 바로 찾을 수 있다. 이들 질문을 활용하면 보다 쉽고 생산적으로 문학 과제를 할 수 있을 것이다.

그래프 · 표 · 도표 · 지도 읽기

대부분의 교재에는 그래프와 표·도표·지도 등이 들어 있고, 저자들은 이러한 시각 자료를 점점 더 많이 사용하고 있다. 예전에는 독자들의 눈길을 끌기 위해 어쩌다 한 번 그림을 사용했기 때문에, 많은 학생이 한 쪽이나 반쪽을 그냥 넘기면서 읽을 양이 줄어든 것에 꽤 흡족해했다. 이제는 온갖 종류의 시각 장치가 중요한 개념을 표현하는 보조적이고 매우 효과적인 수단으로 이용된다. 때로는 이런 장치가 기본적인 표현 수단이 되어 글은 단순히 그림을 설명하거나 보충하는 데 그치는 경우도 있다! 시각 자료를 통해 많은 개념을 매우 효과적으로 표현할 수 있지만, 이러한 자료는 일반적인 글자보다 출판 비용이 높기 때문에 중요하거나 시각적으로 제시할 때 가장 효과적인 경우에만 사용된다. 간단히 말해, 모든 그래프와 표·도표·지도는 중요한 것이다. 따라서 이러한 자료들을 읽고 공부하는 법을 알아야 한다.

그래프에서 주요 개념 찾기

그래프와 표·도표·지도를 읽고 공부하는 기술에는 두 가지 측면이 있다. 첫째는, 이러한 자료들을 읽을 수 있는 능력이다. 예를 들어, 눈 앞에 놓인 그래프를 보고 질문에 답할 수 있어야 한다(이러한 기초적인 읽기 기술은 다음 4장에서 좀더 상세히 다룰 것이다). 둘째는, 읽는 방법을 알고 난 후에 그래프에서 주요 개념을 찾아내는 능력이다. 그래프와 표·도표·지도 등에는 여러 가지 세부적인 내용이 포함되지만, 대부분은 알고 기억할 필요가 없는 것이다. 산문에서처럼 이들 자료에도 주요 개념을 알아내고 신속하게 자료 분석을 하도록 도와주는 단서가 숨어 있다.

산문에서 단락이나 절을 이용하듯이, 저자는 하나의 주요 개념을 보여 주기 위해 특정한 그래프나 표를 이용한다. 때로는 이차적인 개념 한두 개가 중요한 내용에 포함될 수 있지만, 기본적으로 학생이 할 일은 수많은 내용 가운데 주요 개념을 찾아내는 것이다.

공부를 위한 읽기는 따로 있다

중요한 내용을 암시하는 단서에는 다음과 같은 것들이 있다. 첫째, 그래프나 표에 달려 있는 범례는, 예를 들어 "성적과 지능지수의 관련성"과 같이 보통 제시될 주요 개념을 알려 준다. 그러면 학생은 이들 사이에 어떤 관련성이 있는지 없는지, 그리고 관련성이 있다면 그것이 긍정적 관계인지 부정적 관계인지를 파악해야 함을 알게 된다. 하지만 특정한 성적과 지능지수의 관련성을 기억하는 것은 중요하지 않다.

둘째, 그래프나 표 가까이에 보이는 문장도 중요한 내용에 대한 이차 정보를 제공한다. 이 문장을 통해 저자는 그래프나 표에 나타난 개념을 서술하는 경우가 많다. 그래프나 표에 신경 쓰지 않아도 되지만, 이러한 장치를 보면 개념이 보다 분명해지고 그래프의 곡선은 문장 속의 단어보다 기억하기가 더 쉽다.

셋째, 그래프와 표·도표·지도에서 주요 개념을 찾아내는 세 번째 방법은 사실상 가장 중요한 것으로, 이것만 익히면 다른 두 가지 방법은 필요하지 않을 수도 있다. 이것은 그래프나 표를 보고 주요 추세를 읽어내는 능력이다. 그래프의 선이 상향 선인가 하향 선인가, 아니면 수평한가? 선이 두 개 이상이라면, 그 선의 방향이 같은가 다른가? 저자가 그래프나 표를 작성할 때는 주요 개념을 강조하기 위해 관계없는 자료는 삭제하는데, 심지어 자신이 강조하려는 주제를 부각시키기 위해 삭제하기도 한다. 능숙한 학생이라면 그래프나 표를 훑어보고 저자의 숨은 의도를 알아챌 수 있다.

따라서 SQ3R 읽기 기술을 이용해 그래프를 읽는 방법은 다음과 같다. 우선 본문을 훑어보고 그래프는 물론 장chapter에서 전개될 주요 개념을 파악한다. 그래프나 표의 범례를 질문으로 바꾼다. 그런 다음 그래프나 표를 보며(읽으며) 질문에 답한다. 다음 단계가 가장 중요한데, 질문에 관해서 되뇌는 것이다. 가장 좋은 방법은 답의 요지에 해당하는 구절을 노트에 간단히 적는 것이다. 한 장이 끝나면, 다시 앞으로 돌아가 노트한 것을 모두 복습해야 한다.

SQ3R 읽기 기술을 이용한 과학 도해 읽기

동물학과 식물학·생리학과 같은 과목에서는 도표를 조금 다른 방식으로 이용한다. 예를 들어 식물이나 동물, 혹은 소화기관의 도표는 식물이나 동물의 모습을 가장 쉽게 알아볼 수 있는 그림 형태로 제시된다. 실제로 이러한 제시 형태는 매우 중요하기 때문에 학과목의 사실적인 자료들은 대부분 도해로 제시될 수 있다. 따라서 중요한 사실이나 개념을 제시하기보다는 식물이나 동물의 다양한 부위나 부분을 나타내기 위해 도해를 사용하기도 한다. 이러한 그림 자료의 공부법이 다른 자료의 공부법과 다른 점은, 교사가 기대하는 대로 학생이 도해를 보다 세밀하게 공부하고, 중요한 부분을 인식하며, 그 이름을 댈 수 있어야 한다는 것이다.

이 공부 방법 역시 SQ3R 읽기 기술의 변형으로, 단계가 조금 바뀌었을 뿐이다. 먼저 본문을 훑어보면 그 장의 내용을 짐작할 수 있다. 그리고 절의 표제와 도해의 범례를 읽어 보면 어떤 질문을 만들어야 할지 알 수 있다. 하지만 도해는 대충 보는(읽는) 것으로는 충분하지 않고 집중적인 공부가 필요하다. 그림을 단순히 응시하지 말고 마치 카메라에 노출 시간을 주듯이 적극적인 태도로 공부해야 하다. 도해를 보고 내용을 이해한 후에 기억을 되살릴 수 있도록 즉시 되뇌어 보라. 이때는 책을 치우고 기억을 더듬어 도해를 다시 그리면서 중요한 부분의 이름도 써 넣는다. 이러한 기억 방식은 자신이 무엇을 공부했는지 알 수 있고, 기억을 굳히는 데에도 도움이 된다. 그러고 나서 책의 도해를 다시 확인한 후, 첫 번째 되뇔 때 잊어버렸던 부분에 특별히 주의를 기울이면서 두 번째로 기억을 되살려 보라. 특히 동물학과 식물학·해부학과 같은 과목에서는 이렇게 기억을 더듬어 도해를 그리고 이름을 써 보는 기억 재생 단계가 매우 중요하다. 음악, 도해, 무의미한 철자 등의 학습을 다룬 일련의 연구에서, 이러한 적극적인 기억 재생 단계가 전체 공부 시간의 절반을 차지하는 것으로 나타났다. 도해를 충분히 학습했다면, 나머지 부분에 대한 공부를 끝까지 마친다. 마지막으로, 복습 단계에서는 기억을 더듬어 다시 한 번 도해를 그리고 이름을 써 보는 것이 좋다. 이러한 과정을 통해 기억을 굳히고, 더 오랫동안 기억을 유지하게 된다.

실전 연습

/

이번 장에서 우리는 SQ3R 읽기 기술을 이용해 밑줄치기와 참고자료, 문학작품, 그래프와 표·도표·지도를 공부하는 방법을 이야기했다. 학습 자료나 학습 목적에 따라 조금 달라지는 부분도 있지만, 어느 경우이든 SQ3R 읽기 기술의 기본적인 다섯 단계를 거쳐야 한다. 다음은 SQ3R 읽기 기술을 익히기 위한 연습 방법이다.

전체 구조가 한눈에 들어오는 밑줄치기 방법

1 ㅣ 교재에 밑줄치기를 할 때 효과적인 3단계 방식을 실행해 본다. 이렇게 하면 밑줄친 요점의 중요도를 바로 알아볼 수 있고, 이것은 실제로 책의 개요가 된다. 이 방식에서는 한 줄 밑줄치기와 두 줄 밑줄치기, A, B와 1, 2 같은 기호, 혹은 선호하는 다른 표시 체계를 사용할 수도 있다. 이 방식을 습관적으로 사용할 수 있을 때까지 연습한다.

2 ㅣ 이 책에 밑줄을 쳐 본다. 반드시 하나의 절을 다 읽은 후에 밑줄을 쳐야 한다. 뿐만 아니라 과제를 읽고 밑줄을 친 후에는, 복습 단계에서 밑줄 친 내용의 중요도를 명확하게 표시했는지 확인해야 한다.

3 ㅣ 다른 과목의 과제에도 밑줄을 쳐 본다. 가능하다면 교사의 도움을 받아

주요 요점을 선별해 중요도를 정확히 표시했는지 점검한다.

4 | 절을 다 읽은 후에 밑줄치기를 할 수 있고, 단순히 기계적인 표시가 아니라 적극적으로 기억을 재생하며 밑줄치기를 할 수 있다면, 이를 SQ3R 읽기 기술의 형태로 발전시킨다. 그러나 읽으면서 요점을 점검하는 경향이 있거나, 요점이라고 할 만한 간결한 구절이 없는 책이라면 이보다는 SQ3R 읽기 기술을 활용해 노트 작성하는 방법을 개발하는 편이 낫다.

참고자료 읽기

1 | 다른 과목의 참고자료에서 나온 시험 문제들을 검토해 어떤 유형의 문제가 출제되는지 파악한다.

2 | 공부법에 관한 참고자료를 읽고 문제를 만들어 본다. 자료를 읽고 효과적인 노트 작성 방법을 개발한다. 즉 표제가 달린 절이 끝날 때마다 노트를 완전하게 작성할 수 없기 때문에, 절이 끝날 때마다 다양한 질문 아래에 노트하는 방법을 생각해야 한다. 결과적으로 참고자료를 다 읽고 나면 각 질문 아래에 잘 정리된 노트가 완성되어 있을 것이다.

3 | 견본 참고자료를 읽고 예상 문제들을 만들어 답해 본다. 좀더 효율적으로 이러한 질문들을 선별하고 읽으면서 그 답을 찾는 방법을 연구한다.

공부를 위한 읽기는 따로 있다

문학작품 읽기

1 | 국어 시험에 자주 나오는 문제들을 점검한다. 문학 과제에서 나온 질문 유형들을 목록으로 만든다.

2 | 문학 과제에 대한 질문을 만들어 본다. 또한 장이 끝날 때마다 다양한 질문 아래에 간단히 노트하는 방법을 개발한다. 책을 다 읽은 후에는 노트를 검토하면서 보충하고 정리한다.

3 | 문학 과제를 읽고 질문에 답해 본다.

그래프 · 표 · 도표 · 지도 읽기

1 | 이 책과 다른 자료들에 실린 그래프와 표를 보고 각 예에서 한두 개의 요점을 재빨리 파악할 수 있는지 점검한다.

2 | 다른 책의 그래프와 표를 보고 각 예에서 주요 개념을 찾아 본다. 자신이 만든 질문에 가능한 빨리 답해 본다.

3 | 가능하다면 쪽지시험들을 검토해 읽기 과제 안의 그래프와 표에 관해 어떤 유형의 문제가 나오는지 조사한다.

CHAPTER **04**

읽기 능력이
공부 능력

가장 높은 수준의 읽기는 본문의 글자체 단서를 이용하는 것으로, SQ3R 읽기 기술이 한 예다.

읽기 전에 표제를 훑어보면 내용을 예측할 수 있을 뿐만 아니라, 읽으면서 글자체를 보고 주의 깊게 읽어야 할 내용과

빨리 읽고 지나가거나 건너뛰어도 될 만한 내용을 구분할 수 있다.

공부를 하려면 교재나 참고자료를 장시간 읽어야 하므로,
읽기 능력은 학업의 성공을 결정하는 중요 요인이다. 이러한
이유로 2장과 3장에서 고급 읽기 기술을 상세히 설명했다.
하지만 기본적인 읽기 기술의 측면에서, 다음과 같은
심각한 결함으로 인해 그러한 기술을 충분히 활용하지
못하는 사람들이 있다. 첫째, 글을 한자 한자 읽는다.
둘째, 정확하게 이해하지 않는 습관이 있다. 셋째, 어휘력이
부족하다. 넷째, 그래프와 표를 읽는 능력이 떨어진다.
읽기 능력이 부족하거나 결여된 사람은 바퀴가 휘어진
기계와 비슷하다. 따라서 속도가 느리고 에너지 낭비가 크다.
이 장에서는 읽기 기술의 네 가지 요인을 분석하고,
부족한 부분을 해결하는 방법을 알아본다.

읽기의 세 가지 특성

다음에 나오는 읽기의 세 가지 특성을 알면 이 장의 구성을 대략적으로 이해할 수 있다.

첫째, 다양한 연구 결과를 보더라도 읽기 능력에는 여러 가지가 있다. 픽션은 능숙하게 읽는 사람이 정보를 얻기 위한 논픽션을 읽는 데는 서툴 수 있다. 학생은 보통 논픽션 위주로 공부해야 하기 때문에 여기서는 논픽션에 중점을 둘 것이다. 또한 같은 논픽션이라도 그 종류에 따라서 어휘와 문체, 읽는 목적 등이 다르므로 읽기 기술도 달라질 수 있다. 따라서 여기서는 그래프와 표가 들어 있고 시험도 봐야 하는 교재 같은 자료를 다룰 것이다.

둘째, 학생들의 읽기 능력은 읽기 속도와 같이 양적으로뿐만 아니라 질적으로도 다양한 차이를 보인다. 이 차이는 다음과 같은 네 단계로 나뉜다.

　우선 가장 비효율적인 첫 번째 단계는, 글을 한자 한자 읽는 것이다. 이 단계의 학생은 읽는 속도가 지나치게 느리고, 읽는 자료의 난이도에 따라 속도를 조절하지도 않는다. 예를 들어 이러한 유형의 대학생들을 대상으로 한 어느 실험에 의하면, 이들은 초등학교 교재에서 인용한 자료와 대학원 수준의 교재에서 인용한 자료를 거의 같은 속도로 읽었다. 이 학생들도 지능이나 어휘력은 충분했는데, 이 같은 문제는 한 번에 한 단어씩 소리 내어 읽던 일종의 지각운동적 습관 때문이다. 이 단계의 학생들은 읽기 속도의 향상에서 특별한 문제를 보인다.

　대부분의 학생이 해당하는 두 번째 단계는, 자료의 난이도와 읽는 목적에 따라 읽기 속도를 융통성 있게 조절할 수 있는 능력이다. 이러한 기능의 성질은 〈그림 4〉의 아래쪽에 보이는 세 개의 선에 잘 나타나 있다. 이 선들을 보면, 9분 동안 학생들의 읽기 속도가 세 가지 자료의 난이도에 따라 변화했다. 뿐만 아니라 학생들이 빠른 속도로 읽기 시작했다가 자료의 난이도에 맞춰 속도를 점차 조절한 것이 보인다. 반면에 한자 한자 읽는 학생들은 읽는 속도를 조절하지 않고 계속 같은 속도로 읽는다. '지질학' 선의 움푹

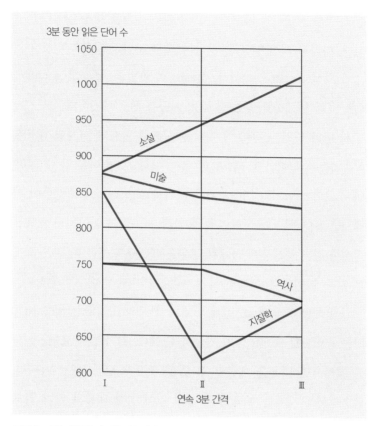

그림 4 다른 과목의 자료를 3분 간격으로 연이어 읽을 때의 속도 변화

파인 골은 속도 조절의 좋은 예인데, 이 경우에는 본문에 어려운 표가 있었다. 이 자료들을 읽으면서 모든 사람이 이러한 방식으로 속도를 줄여야 하는 것은 아니다. 예를 들면, 미술 공부를 한 사람

들은 속도를 줄이지 않고서도 미술 관련 자료를 계속 읽어나갈 수 있다. 따라서 개선 방법 중 하나는, 해당 분야의 어휘와 정보 같은 배경 지식을 늘리는 것이다. 또 하나의 방법은, 예를 들면 다음에 나오는 두 단계와 같은 고급 읽기 기술을 배우는 것이다.

세 번째 단계는, 본문의 맥락을 이용해 앞으로 전개될 내용을 예측하는 능력이다. 〈그림 4〉의 '소설' 선을 보면 이를 알 수 있다. 이 소설의 이야기는 이해하기가 쉬워서 절반 이상의 학생들이 전체 9분 동안 계속 같은 속도를 유지했다. 그러나 이야기의 흐름을 이해한 다른 학생들은 전개될 내용을 예측해 뒤에는 더 빠른 속도로 읽을 수 있었다. 이러한 사전 예측은 읽기에서 매우 유용하다.

가장 높은 수준인 네 번째 단계는, 본문의 글자체 단서를 이용하는 능력으로 SQ3R 읽기 기술이 한 예다. 읽기 전에 표제^{heading}를 훑어보면 내용을 예측할 수 있을(세 번째 단계) 뿐만 아니라, 읽으면서 글자체를 보고 주의 깊게 읽어야 할 내용과 빨리 읽고 지나가거나 건너뛰어도 될 만한 내용을 구분할 수 있다.

최고급 단계의 읽기 기술에서 그 본질과 가능성을 잘못 이해할 수 있는데, 최대 읽기 속도가 그러한 예다. 때로는 1분에 1,000단어 이상 읽는 법을 배울 수 있다고들 하지만, 이런 경우는 정독이 아니라 훑어보는 것이다. 훑어보기—이를테면 주제가 담긴 문장들만 빨리 읽고 나머지 대부분은 건너뛰는 것—가 유용한 기술이기는 하지만, 이를 정독과 혼동해서는 안 된다. 비유컨대, 걷기와 달리기는 다 유용한 기술이지만 이 둘은 서로 다른 기능으로 최고 기록도 1마일에 6분과 4분이다. 따라서 걷기 속도를 높이려고 달리기 연습을 하는 것은 효율적이지 않다. 뛰어난 독서가로 알려진 사람들을 연구한 결과를 보더라도, 정독의 최대 속도는 1분에 500단어 정도다. 이는 대부분의 학생보다 두 배나 빠른 속도이며, 분명히 지향할 가치가 있는 목표다. 물론 때에 따라서는 훑어보기도 가치가 있다. 이러한 차이를 말하는 이유는, 독자의 기대치에 혼동이 없도록 하기 위해서다.

셋째, 평가를 할 때 고려해야 할 읽기의 기본 요소들이 있다. 이들 요소는 100명의 대학생이 25종의 다른 자료를 읽고 다른 종류의 시험을 본 실험에서 잘 드러난다. 각 시험 결과는 다른 모든 시험과 서로 연관되며, 이 수백 개의 상호연관성은 요인 분석이라는 통계 처리 방식에 의해 밝혀진다. 이러한 수학적 분석 기법을 통해 교육심리학자는 모든 시험 점수를 결정하는 몇 개의 개별적 특성을 알아낼 수 있다. 뿐만 아니라 각 시험의 평가 요인들을 검토해 이러한 특성들을 구분해서 설명할 수 있다. 이러한 요인들을 분석하면 학생들의 읽기 장애를 과학적으로 진단하는 기초를 마련할 수 있다.

이 실험에서 읽기에는 네 가지 독립적 요소가 있음이 밝혀졌는데, 다른 요인 분석 연구에서도 유사한 결과가 나왔다. 이번 장에서는 이 네 가지 요인, 즉 읽기 속도, 이해력, 어휘력, 표와 그래프 · 지도 · 공식을 읽기 위한 비언어적 읽기 기술을 차례로 설명하려고 한다. 이 요인들은 읽기를 어렵게 하는 하나의 원인이 되기도 한다. 이 네 가지 요인 가운데 자신에게 취약한 부분이 있다면, 해당 내용에 특히 관심을 기울여야 할 것이다.

읽기 속도 높이기

대학 입학 후 첫 해 동안 가장 많이 발전하는 두 가지 영역은 읽기 속도와 어휘력이다. 읽기 속도는 책을 읽을 때 눈이 종이 위에서 멈추는 빈도수와 밀접한 관련이 있다. 읽는 속도가 빠른 독자는 속도가 느린 독자보다 눈이 멈추는 빈도도 낮고, 회귀하는 경우도 훨씬 적다.

눈이 멈추는 횟수가 줄어 한 번에 더 많은 글자를 읽을 수 있다면, 훨씬 빠른 속도로 읽을 수 있을 것이다. 읽기 속도는 기본적으로 이해력이 결정한다(이에 대해서는 이번 장의 뒷부분에서 다루기로 한다). 이번 절에서는 이해력이 좋은데도 속도를 떨어뜨리는 특정 조건, 즉 소리 내어 읽는 습관이 묵독을 할 때에도 나타나는 경우를 다루려고 한다. 이러한 전이 현상 때문에 한 번에 한 글자씩 읽게 되고, 느리게 읽는 습관이 생기는 것이다. 이처럼 한 글자씩 읽는 습관은 앞에 설명한 읽기 능력의 네 단계 중 가장 낮은 수준이다.

개선 방법

자신에게 느리게 읽는 습관이 있다면, 다음에 제안하는 방법이 도움이 될 것이다. 하지만 이해력 문제 때문에 속도가 느린 것이라면 '이해력'과 '어휘력' 절에서 해결 방법을 찾아야 한다.

첫째, 현재 속도보다 더 빠르게 읽는 연습을 하자. 그러면 얼마 안 돼 더 빨리 읽는 습관이 들 것이다. 그러나 속도를 높인다는 것이 글을 대충 읽어 의미를 놓친다는 의미는 아니다. 10분 후에 갑자기 쪽지시험을 볼 학생처럼 읽어야 한다. 이 학생은 매우 빨리 읽으면서도 최대한 많은 내용을 흡수할 것이다. 처음에는 이렇게 읽으면 피로할 수 있다. 그럴 때는 잠시 쉬면서 읽은 자료의 노트를 작성하자. 나중에는 이 속도 혹은 더 빠른 속도도 습관이 될 것이다. 모든 자료를 이러한 방식으로 읽자. 마음이 없는 연습은 무의미하다. 자투리시간을 활용해 읽는 속도를 높이는 연습을 하자.

읽기 속도를 높이는 이러한 방법은 단순하기 때문에 쉬워 보일 수 있지만, 결과를 얻기 위해서는 지속적인 노력이 필요하다. 매일 연습 계획을 세워 성실하게 실천해야 한다.

둘째, 읽기 속도는 자료의 난이도에 따라 차이가 많이 나는데다 과거의 점수를 쉽게 잊어버리는 경향이 있기 때문에 자신의 발전 상황을 매일매일 파악하기란 쉽지 않다. 따라서 한 주마다 몇 번 속도를 측정하고 그 결과를 표(읽기 속도 표)로 만들어 보는 일이 중요하다. 잡지나 소설, 쉬운 산문 등에서 발췌한 흥미로운 자료를 사용한다면, 속도의 변동 폭을 최소화하면서 읽기의 범위를 넓히는 최적의 연습이 될 수 있다. 이렇게 연습을 하는 동안 읽는 속도는 점차 향상된다. 속도가 빨라졌다는 사실을 확인하면 더욱 의욕적으로 연습을 하게 될 것이고, 마침내 만족스러운 속도를 얻게 될 것이다.

읽은 양을 측정할 때는, 먼저 한 쪽(페이지)의 단어 수를 세어서 읽은 쪽 수를 곱한다. 그런 다음 이 숫자(전체 단어 수)를 자료를 읽은 시간(분)으로 나눈다.

속도를 측정할 때는 반드시 내용을 이해하면서 읽어야 한다. 속도를 측정할 때 읽은 내용을 한 단락으로 요약해 보면 이해 여부를 점검할 수 있다. 이 요약문으로 요약 능력을 평가할 수도 있다.

셋째, 글을 읽으면서 입술을 움직이거나 중얼거리거나 손가락으로 글자를 짚는 행위는 모두 빨리 읽는 데 방해가 된다. 이러한 행동들은 이해에도 도움이 되지 않으므로 삼가야 한다.

넷째, 읽기 속도가 느린 주요 원인은 이해력이 부족한 데 있으므로 어휘력을 늘리고, 읽으면서 질문의 답을 찾는 법을 익히며, 내용을 체계적으로 정리하는 연습을 하면 이해력이 향상됨은 물론 속도도 빨라진다. 다음 절에서는 이러한 능력을 향상시키는 방법을 설명할 것이다. SQ3R 읽기 기술을 이용해도 읽는 속도가 빨라진다. 이러한 방법들은 속도 훈련과 함께 연습해야 한다.

이해의 속도와 정확도 높이기

　학생들은 자료를 이해하고 그로부터 자극을 받기 위해 읽는다. 이 점을 생각하면 읽기 훈련은 이해력 향상에 가장 중점을 두어야 한다. 효과적인 이해의 특성은 상황에 따라 다르지만, 첫 단계는 학습 목표를 정확히 파악하는 것이다.

　학습 교재나 시험을 분석해 보면, 학습 목표는 우선 각 교과 분야의 기본 개념을 습득하는 데 있다. 교재에는 이러한 기본 개념들을 자세히 설명하고 분명히 보여 주는 상세한 내용들이 많이 수록된다.

　읽기 과제의 첫 번째 특성은, 이러한 기본 개념들을 선별하고 이해하는 것이다.

두 번째 특성은, 적정한 시간 내에 이해하는 것이다. 학생들은 종종 읽을 양이 너무 많다고 투덜대다가, 결국 이해의 속도를 높이는 방법을 모색하게 된다.

마지막 세 번째 특성은, 과제를 가장 효과적으로 완수할 수 있을 만큼 이해력이 높아야 한다는 것이다. 예를 들어, 좀더 철저히 이해할 수 있으면서도 한 장chapter을 대충 건성으로 읽고 다 끝냈다고 생각하는 학생이 있는가 하면, 내용을 샅샅이 알아야 한다는 생각에 너무 꼼꼼히 읽어서 장을 다 마치지도 못하고 강조할 사항이 너무 많아 난감해하는 학생도 있다. 읽기 과제의 이 세 가지 특성을 아래에서 좀더 자세히 설명하려고 한다.

개선 방법

첫째, 주요 개념을 선별하고 이해하기

효과적인 학습은 '눈이 아니라 머리로 읽는' 것이다. 학생은 중요한 내용을 찾아내고 단순히 설명적인 내용은 넘겨 버리는 적극적인 태도로 읽는 방법을 배워야 한다. 그리고 계속되는 문장과 단락들을 수동적으로 이해하는 수준에서 벗어나야 한다. 2장의 SQ3R 읽기 기술은 이러한 측면을 향상하는 주된 접근법이다.

둘째, 이해의 속도와 깊이 더하기

학생들은 자신이 잘 아는 내용은 더 빨리 읽는다. 화학 교재는 보통 사회학 교재보다 더 어렵지만, 화학과 학생들은 화학 교재를 더 빨리 읽을 수 있다. 화학 용어와 지식이 이미 갖춰져 있기 때문에 화학 교재가 더 쉬운 것이다. 속도에서든 깊이에서든 이해력을 높이는 가장 근본적인 방법은, 교과 영역의 어휘력을 늘리고 그 안의 기본 개념들을 이해하는 것이다(이에 대해서는 '어휘력' 부분을 참고하라). 본문의 주요 개념에 집중하기 위해서는 세부적인 것에 집착하지 말아야 하는데, 그럴 때 읽는 속도도 빨라진다. 본문을 읽기 전에 미리 훑어보는 방법도 이해력을 높이는 데 도움이 된다.

셋째, 효과적인 이해의 정확도 개발하기

일반적으로 이해력이 높을수록 학생에게 유리하지만, 반드시 그런 것도 아니다. 분명 이해력이 낮은 학생은 읽으면서 기본 개념들을 놓치지 않도록 이해력 향상에 노력을 기울여야 한다. 다른 학생들보다 더 정확하게 이해하는 학생들은 대개 우수한 독자다. 하지만 간혹 이해력이 대단히 높으면서도 속도가 아주 느린 학생들이 있다. 이들은 대학 공부의 기본을 잘못 이해하고 있는 것이다. 내용 하나하나에 철저하려고 노력하다 보면 속도가 떨어지고 시간이 낭비된다. 비록 단기 기억은 좋을 수 있지만, 체계 없이 쌓이는 무수한 개념들은 급속히 망각하게 된다. 그래서 속도가 느린 사람은 빨리 잊어버리는 경향이 있다. 이제 이해가 부정확한 학생과 느리면서 철저한 학생에 대해 알아보자.

정확도가 낮은 학생은 대학 공부에서는 좀더 깊은 이해가 요구된다는 사실을 깨닫지 못하고 있다. 이 학생과 다른 학생들의 이해력을 비교해 보면, 이 학생이 좀더 주의 깊게 읽어야 할 필요가 있음을 알 수 있다. 보다 효과적인 방법은 각 절을 읽은 후에 주요 개념을 이해했는지 점검하는 것이다. 이 방법은 표제를 질문으로 바꾸고, 읽으면서 질문의 답을 찾으며, 기억을 더듬어 질문에 답할 수 있는지 점검하는 것이다. 여기까지 잘 해낸 학생이라면 주요 개념을 이해했다고 자신할 수 있다. 또 하나의 방법은 어휘력이나 배경 지식을 늘려 내용을 좀더 깊고 정확하게 이해하는 것이다. 부정확한 이해를 비롯해 읽기에 문제가 생기는 한 가지 공통적인 원인은, 교재의 앞부분에 제시한 기본 개념들을 이해하지 못했기 때문이다. 책 뒷부분에는 보통 앞에서 설명한 기본 개념들이 다시 나온다. 그렇기 때문에 앞에서 기본 개념들을 파악하지 못한 학생은 뒤의 내용을 이해하지 못한다.

느리면서 철저하게 읽는 학생의 문제는 간단히 해결되지 않는다. 읽는 속도를 높여 속도와 정확성의 균형을 이루어야만 문제를 해결할 수 있다. 이러한 학생은 기본적으로 자료에 부정확하게 접근하므로 방법을 획기적으로 바꿔야 한다. 이들은 마치 손님이 도착했는데도 피아노 안의 먼지나 털고 있는 어설픈 주부와 같다. 이들은 무엇이 중요한 목적인지 되새겨야 한다. 읽는 속도가 느린 학생은 SQ3R 읽기 기술과 주요 개념을 선별하고 이해하는 방법에 관한 절을 다시 읽어야 한다. 지금의 방법대신 이 새로운 기술을 사용하려면 많은 연습이 필요하다. 연습을 할 때는《리더스 다이제스트》같은 쉬운 글이 좋다. 표제를 보며 대략적인 내용을 파악하고, 본문을 빠른 속도로 읽으며, 읽은 내용을 간단히 되뇌어봐야 한다. 이렇게 연습을 하면 효과적인 읽기 기술을 점차 터득하게 될 것이다.

어휘력 늘리기

　앞서 설명했듯이, 어휘력은 읽기에서 가장 중요한 요소 중 하나다. 대학 시험은 물론 신문 내용을 이해하기 위해서도 상당수의 어휘가 필요하다. 예를 들어,《뉴욕 타임스》한 부를 온전히 이해하기 위해서는 50,000단어가 필요하다. 어휘력이 풍부하면 의사표현을 정확하게 하는 데에도 도움이 된다. 대부분의 학생이 자신의 의도를 정확하게 표현할 수 있는 단어를 끝내 찾아내지 못한 경험이 있을 것이다. 동급생과 비교해 자신의 상대적인 어휘력 수준을 알아보기 위해 표준화된 어휘력 검사를 받아 보는 것도 도움이 될 것이다.

　우리는 일상용어뿐만 아니라 전공 분야의 기본적인 전문 용어도 습득해야 한다. 예를 들어, 의사와 법률가는 공통으로 사용하는 용어도 많지만, 각자 자기 분야의 전문 용어도 잘 알고 있다. 대학생이 직면한 큰 문제 중 하나는 과목마다, 예를 들어 역사학·지리학·수학·사회과학 등에서 기초가 되는 전문 용어를 숙지해야 한다는 점이다. 그러한 개념들을 모르면 교재나 수업 내용을 '전혀 이해하지 못한다.'

자신이 각 과목의 전문적인 용어들을 어느 정도 아는지 측정해 보려면 표제로 사용되었거나, 혹은 교재에서 이탤릭체나 볼드체로 된 전문 용어들을 표시해 보라. 이 용어들을 간단하게 정의하고 설명할 수 있는가? 모르는 용어는 따로 메모하고 공부해야 한다. 시험 문제도 중요한 전문 용어를 정리할 수 있는 자료가 된다. 용어를 몰라서 틀린 문제도 함께 메모하고 공부해야 한다.

개선 방법

어휘력을 늘릴 때에는 학교 공부와 일상생활에 가장 도움이 되는 단어들을 선별해서 익혀야 한다. 단어를 선별하는 하나의 기준은, 교재나 수업, 대화에 사용된 단어나 구절 중에서 보다 효과적인 표현을 노트해 두는 것이다('학습해야 할 중요 단어' 목록을 작성해두면 좋다). 또 하나의 기준은, 학교 공부를 위해 교재에 자주 나오는 생소한 단어(특히 전문 용어)를 가능한 빨리 공부하는 것이다. 초급 단계에 있는 학생의 경우, 과학 교재에 등장하는 생소한 단어의 비율이 외국어 교재(어휘 부담을 의도적으로 줄인)의 그것보다 더 높다. 하지만 실제로 사용되는 단어 목록을 보면, 생소한 전문 용어의 수가 특별히 많지 많다. 이러한 단어들이 처음 나올 때 바로 외워 버리면, 나중에 반복해서 나올 때 정확히 이해할 수 있다.

어휘력을 늘리려면, 첫째 자기평가의 일부로서 모르는 전문 용어 목록을 작성해야 한다. 교재를 읽다가 새로운 전문 용어가 나올 때마다 표시를 하거나, 단어 목록에 다른 용어들과 함께 적어 둔다. 자신이 듣는 과목 중에서 가능하면 가장 어려운 과목 하나를 택해서 새로운 전문 용어 목록을 작성하면 유용할 것이다(설명 자료에 나오는, 다시 나오지 않을 것 같은 용어는 제외한다). 교재에 나오는 전문 용어 목록이 끝이 없을 거라고 생각하는 학생도 있겠지만, 이를테면 반복적으로 사용되는 기본적인 전문 용어만 적으면 된다. 한 교재에 수록된 전문 용어의 63퍼센트는 단 한 번 사용되는데, 이러한 단어들은 기본 목록에 넣지 않아도 된다. 반면에 82개의 단어(전문 용어의 7퍼센트)는 400쪽 분량에서 10회 이상 사용된다. 이러한 단어들은 표제에 등장하거나 이탤릭체로 표시되기 때문에 비교적 눈에 쉽게 들어온다. 따라서 대부분의 목록은 놀라울 정도로 짧아야 한다. 이러한 용어들을 공부하면 새로운 과제가 훨씬 쉽게 느껴진다.

둘째, 두 개의 목록(일상용어와 전문 용어)에 선정된 단어들을 익혀야 한다. 한 가지 방법은 목록을 죽 읽으면서(혹은 교재에서 그러한 단어들을 검색해 보고) 각 단어의 뜻을 아는지 점검해 보는 것이다. 어려운 단어는 사전을 찾아보자. 이러한 단어들을 시험에서나 토론에서나 효과적으로 사용할 수 있어야 한다. 옛말에, 세 번 사용한 단어는 영원히 네 것이 된다고 했다. 매주 몇 개의 새로운 단어를 익히고 사용하려고 의식적으로 노력하면, 어휘력이 놀라운 속도로 향상될 것이다.

셋째, 여러 분야의 글을 다양하게 읽으면 배경 지식이 풍부해져 교재의 내용을 보다 잘 이해하게 된다. 게다가 글의 맥락을 파악하면 새로운 단어를 쉽게 이해하는 경향이 있다. 이러한 단어들을 자주 접하면서 단어에 대한 이해력도 점점 커진다. 여가를 이용해 정규적으로 독서만 해도 어휘력은 크게 향상될 것이다. 다만 스포츠란이나 만화 잡지를 읽어도 어휘력이 늘 수 있지만, 그러한 자료로는 대학 공부에 자주 나오는 단어에 대한 이해 능력을 키우지 못한다.

넷째, 글을 읽다가 만난 새로운 단어를 이해하는 데 특히 효과적인 방법이 있다. 우선 모르는 단어가 나와도 멈추지 않고 그 단락 끝까지 읽는 것이다. 글의 맥락을 파악하면 그 단어의 의미를 충분히 짐작할 수 있으므로 사전을 찾지 않아도 될 것이다. 단락을 다 읽고 나서도 단어의 의미를 모르겠다면, 그때 사전을 찾아본다. 단락을 끝까지 읽으면, 모르는 단어 때문에 본문의 주요 개념을 놓치는 일도 방지할 수 있다.

본문의 단서를 이용해 단어의 의미를 추측해 보는 방법이 몇 가지 있다. 때로 저자들은 낯선 단어를 쓸 때 그 단어의 정의나 동의어를 덧붙이기도 하고, 그 단락 전체가 그 단어의 의미를 나타내기도 한다. 우수한 학생들은 서툰 학생들에 비해 그러한 단서를 잘 이용하지만, 단어의 의미를 모를 때 그러한 단서를 찾아보려고 의식적으로 노력한다면 누구라도 도움을 받을 수 있다.

다음은 여러 가지 유형의 단서와 그 예다. 빈칸에 들어갈 단어의 의미를 유추해 보자.

- 정의 : "_____는(은) 몸집이 크면서 고양이처럼 생긴 동물이다."
- 경험 : "첫 데이트를 하는 소년이나 소녀처럼 _____하는"
- 비교 혹은 대조 : "에스키모인의 눈은 중국인처럼 _____하다."

- 동의어 : "여행에 대해 이야기를 듣고 짐은 _____. 그는 그날 수업이 없다는 것을 알고 기뻤다."
- 친숙한 표현 혹은 언어적 경험 : " _____보다 더 단단한"
- 요약 : "그는 매우 _____해서 주위를 둘러보는 동안 무릎이 떨리고 눈이 튀어나올 것만 같았다."
- 분위기나 상황의 회상 : "그는 까불거리고 뛰고 춤추면서 혼자 _____하게 휘파람을 불었다."

여러 종류의 교재를 검토하며 저자가 이 많은 방법 중 몇 가지나 사용하는지 살펴보는 일은 흥미롭다. 물론, 저자가 단서를 많이 사용할수록 숙달된 학생은 내용을 이해하기가 더 쉬워진다.

다섯째, 이와 같은 방법들을 이용해도 단어의 의미를 쉽게 알수 없을 때에는 사전을 찾아봐야 한다. 우수한 독자는 교육 수준이 아무리 높아도 사전을 자주 사용한다. 사실 훌륭한 독자일수록 사전을 더 많이 사용한다. 하지만 많은 학생이 사전을 효과적으로 사용하지 못하고, 사전이 지닌 많은 이점을 잘 알지 못한다. 이상하게 들릴지 모르지만, 죽 읽어 내려가지 않고 읽고 싶은 부분만 골라 읽는 사전은 흥미로운 책이다. 사전에는 단어의 의미만 아니라 관련어, 맞춤법, 심지어 예문도 있다.

특수한 읽기 기술 익히기

표와 그래프 · 공식 · 지도는 이해를 돕는 장치들이다. 그럼에도 대부분의 서툰 학생들은 안도의 숨을 내쉬며 "페이지의 반은 그림이니까 읽지 않아도 되겠네"라며 그냥 지나친다. 표는 방대한 자료를 요약하고 통합한 것으로, 자료 사이의 관련성이나 경향성을 보여 준다. 그래프는 이러한 경향성이 더욱 쉽게 보인다. 공식은 관련성을 단순한 방식으로 짧게 줄여 표현한 것이다. 지도는 당연히 지리적인 관련성을 그림으로 보여 준다. 이러한 표현 양식이 중요하다는 점은 3장에서 강조한 바 있다.

개선 방법

첫째, 시험에서 틀린 문제를 수정하고 이해한다.

둘째, 교재에 나오는 모든 표와 그래프 · 공식 · 지도를 읽는 연습을 한다. 이들은 주요 개념을 강조하고 보여 주므로, 이에 기울인 노력은 헛되지 않다. 이해하기 어려운 부분은 교사의 도움을 받는다.

오늘날 교재에 점점 더 많이 등장하는 표와 그래프는 내용을 보완하기 위한 목적보다는 개념을 제시하기 위한 기본적인 수단으로 자주 사용된다. 이제는 배선 도식, 청사진, 삼차원 도면, 기상지도, 위성 지도, 화보 지도 등과 같은 새롭고 다양한 시각보조물이 보편화되었다. 이러한 자료를 읽을 수 있는 능력은 학교 공부에서뿐만 아니라 일상생활에서도 기본적인 것이 되었다.

실전 연습

지금까지 몇 개의 절로 나누어 설명한 내용은 서로 연관되어 있으므로 그 방법들을 정리해 볼 필요가 있다. 우선 어느 부분의 개선이 가장 필요한지 결정한다. 그런 다음 아래의 개선 방법 중에서 실천할 내용을 점검한다.

읽기 속도 높이기

1 | 매일 연습한 결과 기록하기

2 | 입으로 중얼거리거나 손가락으로 글자를 짚는 습관 버리기

3 | 이해력 향상하기

이해의 속도와 정확도 높이기

1 | 주요 개념을 선별하고 이해하는 방법 익히기

2 | 배경 지식과 전문 용어 늘리기

3 | SQ3R 읽기 기술 연습하기

4 | 글의 맥락을 이용해 전개될 내용을 예측하는 방법 익히기

5 | 이해력을 높이는 효율적인 태도 기르기

어휘력 늘리기

1 ㅣ 교재의 전문 용어 목록을 작성하고 공부하기

2 ㅣ 활용할 수 있는 일상용어 목록을 작성하고 사용하기

3 ㅣ 현명한 독서로 배경 지식과 어휘 늘리기

4 ㅣ 낯선 단어의 의미를 파악하는 방법 익히기

5 ㅣ 좀더 효과적인 사전 사용법 익히기

특수한 읽기 기술 익히기

1 ㅣ 읽기의 문제점을 찾기 위해 교재의 표와 그래프 분석하기

2 ㅣ 교재에 나오는 모든 표와 그래프 공부하기

3 ㅣ 새로운 유형의 표 읽는 연습하기

CHAPTER **05**

효과적인
시험 공부법

학습 후 바로 되뇌며 복습하는 것이 다시 읽는 것보다 훨씬 효과적이다.
만일 교재를 다시 읽더라도 한 번에 여러 번 반복해서 읽는 것보다, 몇 시간의 간격을 두고
여러 번 반복해서 읽는 것이 효과적인 방법이다.

교재 공부법에 이어 이번 장에서는 시험 공부법에 대해
알아보려고 한다. 학생들은 보통 내용을 이해하기
위해 학습하는 일과 시험을 보기 위해 복습하는 일을
별개로 생각하기 때문에, 이 두 가지 공부에 필요한 기술을
구별해서 제시할 것이다. 시험의 기술은 다음의 세 영역,
즉 시험 준비하기, 시험 보기, 시험지 활용하기로
나눌 수 있다.

시험 준비하기

학생들은 수업 후에는 시험이 뒤따른다는 사실을 알기 때문에 가장 적은 노력으로, 그러나 가장 효과적으로 시험 준비를 할 수 있는 복습 일정을 짜고 싶어한다. 지금까지의 연구 결과들을 살펴보면, 이러한 복습을 위한 최적의 타이밍뿐만 아니라 가장 효과적인 복습 방법을 알 수 있다.

최적의 복습 타이밍

학습 후에는 매우 빠른 속도로 망각이 진행되기 때문에 당연히 가장 쉽고 가장 효과적일 때 바로 복습을 해야 한다. 한편 벼락치기는 시험 직전에 처음 배울 때의 신선한 기억 상태로 되돌릴 수 있다는 강점이 있다. 연구 결과를 보더라도, 이 두 가지 복습 타이밍은 중간에 하는 복습보다 효과가 뛰어나다. 문제는 시험에 임박해서 한꺼번에 복습을 하느라 피곤함에 지치지 않도록 시간을 분배해야 한다는 것이다.

학습 후 바로 복습하는 최선의 방법은 앞에서 이미 설명했다. SQ3R 읽기 기술의 '즉시 되뇌며 복습하기'는 기억력을 최고로 끌어올리는 데 큰 도움이 된다. 학생들이 많이 이용하는 또 다른 방법은 교재를 다시 읽는 것이다. 한 번에 여러 번 반복해서 읽는 것은 별 도움이 되지 않으며, 몇 시간의 간격을 두고 여러 번 반복해서 읽는 것이 가장 효과적인 방법이다.

시험 준비를 위해 복습 시간을 분배할 때에는 몇 가지 중요한 원칙이 있다. 중간고사나 기말고사 때는 어마어마한 학습량에 대한 부담 때문에 공부를 자꾸 미루게 된다. 급기야 시험 전날 벼락치기를 하다 보면 너무 피곤해져 다음날 맑은 정신을 유지하기가 힘들어진다. 계획을 세워 시험공부를 하는 기간에도 다음날 학습할 내용을 들여다보느라 복습할 시간이 거의 없어진다. 다음의 원칙은 이러한 문제를 해결하는 데 도움이 된다. 즉 복습을 한꺼번에 장시간 하기보다는 일정을 짜서 몇 번으로 나눠 해야 한다. 이때 복습 시간을 다른 공부 시간과 구분해서 일정을 짜야 하고, 실

공부를 위한 읽기는 따로 있다

천할 수 있는 복습량을 구체적으로 정해야 계획대로 복습을 마칠 수 있다.

학습 직후의 복습과 시험 직전의 복습 사이에 기억을 생생히 유지하기 위해서는 중간 복습도 필요하다. 앞서 설명했듯이, 기억은 시간이 흐르면서 역동적으로 재구성되는 경향이 있으므로, 중간 복습을 하면 개념을 읽은 사실 그대로 기억하기가 쉽다. 이따금 노트를 들여다보며 이해하기 힘든 개념을 다시 읽으면 기억에 큰 도움이 되고, 전에 배운 내용과 지금 배운 내용을 연결할 수 있다.

최고의 복습 방법

가장 효과적인 공부 방법이 있듯이, 가장 효과적인 복습 방법이 있다. 뿐만 아니라 처음 공부한 후에 얼마의 시간이 지나서 복습을 하느냐에 따라 그 효과는 달라진다. SQ3R 읽기 기술 실험에서 밝혀졌듯이, 학습 직후에 되뇌기를 하는 것이 다시 읽는 것보다 훨씬 효과적이다. 반면에 너무 늦게 복습을 하면 많은 내용을 잊어버려 되뇌기의 효과가 떨어진다. 이러한 사실은 같은 조건의 대규모 실험 그룹으로 하여금 자료를 읽고 42일 후에 시험을 보게 한 실험을 통해 밝혀졌다. 또 다른 실험에서는 다양한 그룹이 복습 간격을 달리했다. 그 결과 학습 직후에는 다시 읽는 것보다 되뇌기가 더 효과적이지만, 2주가 지난 후에는 되뇌기보다 다시 읽는 것이 더 효과적이었다.

읽기와 복습 모두에서 교재를 적극적이고 조직적으로 파고드는 것이 수동적인 방식보다 훨씬 효과적이다. 복습을 할 때에는 시험에 나올 문제를 예상하며 적극적으로 답을 찾아야 한다. 노트나 교재의 표제heading를 이용해 예상 문제를 생각해내야 한다. 예상 문제의 답이 바로 생각날 때 다음 문제로 넘어가면 된다. 답이 기억나지 않으면 교재를 다시 훑어보며 답을 찾아야 한다. 이렇게 묻고 답하며 복습을 마치면 완결했다는 느낌이 들기 때문에 전체 분량을 다시 읽으려고 하지 않는다. 한 학기 분량을 다시 읽게 되면 학습량이 너무 많아서 꼼꼼히 읽지 않고 여기저기를 대충 훑어보게 된다. 적절한 문제를 정확하게 찾는 능력이 향상될수록 복습에 자신의 에너지를 적절히 사용한다는 자신감을 갖게 된다.

복습 노트의 중요성은 아무리 강조해도 지나치지 않다. 100쪽이 넘는 분량을 다시 읽을 생각에 한숨짓는 것보다 3~5쪽 정도로 노트를 하면 개요가 쉽게 정리된다. 노트를 할 때 들여쓰기를 하면 주요 개념 사이의 관련성도 쉽게 보인다.

시험 종류에 따라 복습 방법도 달라져야 할까? 대부분의 학생은 에세이 문제는 객관식 문제와 다른 방법으로 공부해야 한다고 생각한다. 이런 학생들은 객관식 문제가 더 쉽기 때문에 공부를 덜 해도 된다고 생각한다. 즉 요점을 기억하기보다는 인식만 하면 된다고 여긴다. 또 객관식 문제에 대비할 때는 개념을 정리하는 대신 세부적인 사항들을 기억해야 한다고 생각한다. 에세이 시험이든 객관식 시험이든 좋은 점수를 받기는 똑같이 어렵다. 또 어느 시험이든 주요 개념 사이의 관련성을 이해하는 데 학습의 수안점을 두어야 한다는 것도 마찬가지다. ○× 문제는 답을 알아내기가 더 쉽고, 찍을 수도 있기 때문에 점수가 더 높은 경향이 있다. 하지만 모든 학생이 이 같은 이점을 동시에 누리기 때문에, 에세이 시험을 볼 때와 마찬가지로 각 학생이 놓인 상대적 위치는 결국 같다. 또 객관식 문제가 '세부적인 사항'을 묻는 것처럼 보이지만, 문제의 주제와 교재의 표제를 비교해 보면 거의 유사하다.

기말시험 준비하기

쪽지시험이든 기말시험이든 시험 준비의 원칙은 같지만, 기말시험은 출제 범위가 넓은데다 점수도 매우 중요하기 때문에 긴장하고 초조한 나머지 벼락치기에 의지하는 학생이 많다. 기말시험은 중요하기 때문에 이를 주제로 한 소절을 별도로 추가했다. 기말시험이 아직 멀었다면, 지금은 이 소절의 요점을 숙지하고 다가

오는 학기말에 한 번 더 주의 깊게 읽어보기 바란다.

　136, 137쪽의 일정표를 이용해 기말시험 전 2주간의 복습 일정을 짜 보자. 일정표에 정규 수업과 기말시험 일정을 적어 넣는다. 그 외에 학원이나 개인교습 같은 다른 일정도 적는다. 다음에는 학습 시간과 복습 시간을 적는다. 일정을 적을 때 학기의 마지막 수업을 위한 학습 시간과 복습 시간을 확실히 구분한다. 또 모든 일정에 복습할 과목과 내용을 구체적으로 기입한다. 예를 들어, 수요일 저녁의 일정을 "7:00~8:30 역사 17, 18장 공부, 9:30~9:45 휴식, 9:45~10:15 불어 동사와 관용어 공부, 10:15~10:45 휴식과 취침"이라고 적어 넣는다. 한 과목의 복습 시간을 서너 번으로 나눠 일정을 짜야 한다. 시험 전 마지막 복습 시간에는 노트를 훑어보며 전체 내용을 점검하는데, 복습 시간이 너무 길어지면 안 된다. 많은 내용을 정리하고 기억하다 보면 매우 피로해지므로 한 시간이나 한 시간 반 이상 복습을 하면 효율성이 급격히 떨어진다.

　시험 준비 기간 중에도 평소 생활을 유지해야 한다. 복습 시간이 늘어나 휴식 시간이 줄 수 있지만, 평소에 먹고 자던 습관을 그대로 유지하는 데 신경 써야 한다. 시험을 보려면 정신이 '맑아야' 하므로 밤을 새우면 부작용이 생긴다. 시험 때문에 초조해하거나 걱정하지 말자. 시험 전날 밤에 시험 준비를 많이 하기에는 너무 늦다. 교재를 꼼꼼히 검토한 후 휴식을 취하자.

복습은 선택적으로 한다. 주요 요점을 중심으로 복습하되, 특히 기억이 잘 나지 않는 부분에 집중한다. 좋은 방법은 교재나 노트의 주요 표제를 보고 기억을 더듬어 요지를 되뇔 수 있는지 점검하는 것이다. 잘 기억나지 않는 내용은 찾아보고 다시 되뇌어 본다. 혹은 앞서 설명한 대로, 각 장의 시험 문제를 예상해 보고, 기억을 더듬어 주요 요점을 되뇌어 본다. 교재의 표제, 수업 노트, 이전 쪽지시험은 이러한 문제를 예상하는 데 아주 유용한 자료다.

단순히 다시 읽는 방법은 시간도 많이 걸리고 그다지 효율적이지도 않다. 표제를 보고도 요점을 기억하기 힘들 때에만 그 부분을 다시 읽는다. 따라서 복습은 처음에 학습할 때와는 다른 방식으로 이루어진다. 예상 문제를 만들고, 각 요점의 예를 들어 보며, 관련성을 도표로 그리고, 친구와 요지를 이야기해 보자.

학기 중에 예상 문제를 여러 차례 만들어 보았다면, 그 효과를 실감할 것이다. 이 방법을 기말시험에서도 활용해야 한다. 좀더 확실히 연습하려면, 기말시험 과목 중 하나를 선택해 시험에 나올 만한 주요 요점의 예상 문제를 모두 적어 본다. 이전 쪽지시험의 예상 문제를 이때 사용해도 된다.

기말시험 전 복습 일정표

시험 전 주간

	월요일	화요일	수요일	목요일	금요일	토요일	일요일
8:00							
9:00							
10:00							
11:00							
12:00							
1:00							
2:00							
3:00							
4:00							
5:00							
6:00							
7:00							
8:00							
9:00							
10:00							

공부를 위한 읽기는 따로 있다

시험 주간

	월요일	화요일	수요일	목요일	금요일	토요일	일요일
8:00							
9:00							
10:00							
11:00							
12:00							
1:00							
2:00							
3:00							
4:00							
5:00							
6:00							
7:00							
8:00							
9:00							
10:00							

유형별 시험 보기

시험 문제를 만든 교사에게 고마움을 느낀 적이 있는가? 이론적으로는, 공부한 내용과 앞으로 공부할 내용을 짐작할 수 있는 시험 문제를 만드느라 수고한 교사에게 고마워해야 한다. 하지만 대부분의 학생이 시험에 두려움을 느끼고 이를 고난으로 받아들인다. 학생들은 시험을 함께 노력하는 것이라 여기기보다 다른 사람과의 경쟁에서 이겨야 하는 전투처럼 생각한다. 어느 경우든 시험을 보면 점수가 나오기 때문에 학생들은 큰 부담을 느낄 수밖에 없고, 시험을 치르는 내내 불안감과 초조함을 떨쳐내지 못한다. 안타깝게도 학생들은 시험이 끝나고 나서야 답이 생각나는 경우가 다반사다. 교재의 어느 부분인지는 알지만 문제의 의도를 모르거나, 답이 틀린 이유를 이해하지 못하기도 한다. 다음은 이러한 문제를 해결하는 데 도움이 되는 시험의 기술이다.

시험 중 감정 관리하기

모든 시험이 똑같이 힘든 것은 아니다. 학생들은 아는 문제가 나오면 서둘러 답을 적지만, 예상치 못한 문제가 나오면 겁이 덜컥 나면서 머리가 하얘진다. 앞에서 설명한 대로, 읽으면서 질문에 답을 해나가면 내용이 정리되어 훨씬 더 많은 내용을 기억할 수 있다. 그 내용이 시험에 나온다면 익숙하고 쉽게 느껴질 것이다. 따라서 시험을 볼 때 '감정이 폭발'하는 상황을 방지하는 가장 효과적인 방법 가운데 하나는, 시험 문제를 예상해 그 답을 공부하는 것이다. 예상치 못한 문제에서도, 이런 방식이 내용을 샅샅이 공부하는 방식보다 더 효과적이다.

학생들은 때때로 알고 있는 내용이 너무 많은데 그것을 어떻게 표현할지 몰라 고민한다. 또는 시험 초반에 답 쓰는 데 너무 몰두한 나머지 후반에는 서둘러 쓰거나 못 쓰기도 한다. 시험 문제를 차분하고 체계적으로 푸는 습관을 들이면 이러한 문제들이 해결된다. 시험 시간은, 학생이 어느 문제에서도 시간을 끌지 못하도록 설정되지만, 좋은 교사라면 정해진 시간 안에 답할 수 있는 문제를 만든다.

　시험을 시작하는 첫 단계는, 문제를 훑어보며 얼마나 시간이 걸릴지, 어느 부분에서 시간이 더 걸릴지를 가늠하는 것이다. 30초 정도 문제를 훑어본 후에는 에세이 문제 하나, 혹은 객관식 문제 한 면이나 한 쪽에 소요되는 시간을 대략 계산해야 한다. 모든 문제의 난이도가 동일하지는 않지만, 배정된 점수는 대개 같다는 사실을 기억해야 한다. 난이도가 높은 몇 문제에 매달리기보다 난이도가 낮은 문제에 집중하는 것이 유리하다. 태도에 대한 마지막 조언은, 최선을 다하라는 것이다. 한 번에 한 문제씩 생각하며 답을 쓰자. 다음 문제는 다음에 생각해야 한다.

　학생들은 시험을 앞두고 불필요하게 흥분하는 경우가 많다. 학생들은 예상 문제에 대한 답을 주고받는 데 열중하지만, 쉽게 의견일치를 보지 못한다. 지식이 어설픈 학생들이 격렬한 논쟁을 벌이다 보면 시험 준비가 미흡하다는 생각이 들어 사고력이 흐트러지는 결과만 낳는다. 시험장에 일찍 도착하면 친구들과 가벼운 정담을 나누며 평정심을 유지하자. 어떤 학생들은 평정심을 유지하기 위해 시험 직전까지 시간을 끌다 오히려 지각하는 일까지 발생한다. 이럴 경우, 마음의 안정이 깨지고 시작 때 지시 사항을 놓칠수도 있다.

에세이 시험 보기

시험은 종류에 따라 각기 다른 기술이 필요하고 그 나름의 어려움이 있다. 에세이 문제에서 저지르는 흔한 실수 중 하나는 주제에서 벗어난 글로 시간을 낭비하는 것이다. 시험 시간은 한정되어 있기 때문에, 교사는 학생이 주제에 대해 아는 내용을 죄다 나열하지 않도록 요구 사항을 분명히 해야 한다. 따라서 교사는 "이유를 열거하라," "결과를 비교하라," "이 용어들의 예시를 적어라" 와 같이 구체적으로 지시한다. 에세이 문제에서는 이러한 핵심어 key words에 주목해야 한다. 학생은 이러한 표현을 단서로 문제의 요지를 정확히 파악해 답을 쓸 수 있다. 더욱이 "열거하라"거나 "요약하라"고 지시한 문제에 산만하게 에세이로 답을 하면, 그 안에서 답을 찾아야 하는 교사는 짜증이 날 수밖에 없다.

간단한 정의를 묻는 문제가 아니라면 답안을 체계적으로 작성해야 한다. 하지만 많은 학생이 문제를 읽고 처음 떠오른 생각을 시작으로 생각이 떠오르는 대로 계속 써나간다. 그 결과, 생각이 두서없이 배열된다. 답안에 써야 할 요점 목록을 갖고 있는 채점자는 이러한 에세이에 요점이 몇 개나 포함되어 있는지 찾기가 어렵다. 채점자가 답안지를 이리저리 살피며 요점을 찾다 보면, 좋은 점수를 주고 싶은 마음이 사라지기 쉽다. 내 경험에 비춰 보아도, 구성이 체계적인 답안지를 보면 기준보다 더 높은 점수를 주는 경우가 흔하다. 쉽고 효과적으로 글을 구성하는 방법은, 우선 개념의 핵심어들을 간결하고 빠르게 적는 것이다. 이러한 개념들을 보고 학생은 추가적인 개념들을 떠올려 목록의 정확한 위치에 써넣을 수 있게 된다. 그러고 나서 에세이 쓰기는 목록의 각 개념을 확장하는 작업이 된다. 채점자는 많은 답안지를 읽어야 하기 때문에 읽는 속도를 높여 주는 것은 무엇이든 고마워한다. 따라서 에세이의 주요 개념에 번호를 달거나 외곽선을 사용해 답안의 구성을 쉽게 보여 주는 것이 유리하다. 때로는 도표를 재빨리 그려 제시한 개념들 사이의 연관성을 이해했다는 사실을 충분히 보여 줄 수도 있다.

에세이 문제에서 답안의 길이와 점수는 관련이 있다. 물론 많이 아는 학생이 많이 쓰겠지만, 학생들의 흔한 오류 중 하나는 몇몇 단어로 교사에게 큰 의미를 전달할 수 있다고 생각하는 것이다. 학생은 교재 안의 정의 중 하나를 인용하는 것으로 충분하다고 생각할 수 있지만, 채점자는 학생이 그 단어들을 정말로 이해했는지, 아니면 단순히 외우기만 했는지 궁금해하므로 예시를 덧붙이면 큰 도움이 된다. '논하라'는 문제에서는 개념들만 나열하지 말고, 그 개념들이 중요한 이유나 그들의 상관관계를 설명해야 한

공부를 위한 읽기는 따로 있다

다. 공을 들여 완전히 이해했음을 보여 주는 것은 이미 한 이야기를 되풀이해 노여움을 일으키는 '군더더기'와는 다르다. 군더더기는 관련 없는 개념을 거론하거나 지면을 채우기 위해 이미 언급한 개념을 반복하는 것이다. 자신이 의미하는 바를 설명하거나, 예를 제시하거나, 개념을 함축해서 보여 주는 것은 군더더기와는 다르기 때문에 채점자의 마음을 충분히 움직일 수 있다.

작문 시험에서는 단순한 방법이 점수에 확실한 영향을 미칠 수 있다. 예를 들어, 가독성이 점수에 미치는 영향을 알아본 실험에서, 43명의 교사에게 같은 작문 답안을 두 번에 걸쳐 채점해달라고 했다. 한 번은 알아보기 쉬운 글씨체였고, 또 한 번은 같은 글이지만 다소 알아보기 힘든 글씨체였다. 알아보기 쉬운 글은 알아보기 힘든 글보다 한 등급 높은 점수를 받았다. 볼펜으로 쓴 시험지는 연필로 쓴 시험지보다 읽기가 더 쉽다. 시험이 끝나기 몇 분 전에는 답안지를 살펴봐야 한다. 맞춤법에 맞지 않거나 실수로 빠트린 글자가 점수에 큰 영향을 줄 수 있다. 물론, 문제와 그 답안 번호가 정확한지 확인해야 한다.

객관식 시험 보기

객관식 시험에도 어떤 원칙들이 존재한다. 모든 문항에 같은 점수가 배정될 때는 문제를 순서대로 풀어가되 답이 금방 떠오르지 않는 문제에 너무 오랜 시간을 지체해서는 안 된다. 어려운 문제는 옆의 여백에 표시를 해놓고 나중에 다시 보도록 한다. 이렇게 하면 쉬운 문제는 모두 풀 수 있고, 뒤의 문제들을 보다 보면 건너뛴 문제의 답이 생각날 수도 있다. 반드시 시험지를 다시 보면서 처음에 풀지 못한 문제를 풀어보도록 한다.

○× 문제가 어려울 때 다음의 원칙이 도움이 될 때가 많다. 이러한 문제들은 대부분 두 가지 사항과 그들의 관련 정도를 간단히 설명하는 유형이다. 예를 들어, "어떤 고양이는 검은색이다"라고 할 때 각 진술 안에서 두 가지는 대개 옳지만, (한정어를 바꿔) 관련 정도를 확대하거나 축소하면 잘못된 문장이 된다. 다음은 흔히 사용하는 한정어 목록이다.

- 모든 ― 대부분의 ― 일부의 ― ～이 없는
- 항상 ― 보통 ― 때때로 ― 절대로
- 아주 많은 ― 많은 ― 적은 ― ～이 없는
- 더 ～한 ― 같은 ― 덜 ～한
- 긍정적 관련이 있는 ― 관련 없는 ― 부정적 관련이 있는
- 좋은 ― 나쁜

공부를 위한 읽기는 따로 있다

• 그렇다 ─ 그렇지 않다

어떤 문장에 이 목록 중 하나가 쓰였다면, 이들 중 다른 단어를 넣어 진술이 옳은지를 점검할 수 있다. 이들 중 그 문장에 쓰인 한정어보다 더 좋은 문장을 만드는 한정어가 없다면, 그 문장은 옳은 것이다. 따라서 "어떤 고양이는 검은색이다"라는 위의 문장을 (1)"모든 고양이는 검은색이다," (2)"대부분의 고양이는 검은색이다," (3)"검은색 고양이는 없다"라는 문장으로 대체해 보면 원래 문장이 옳다는 것을 알 수 있다. 학생이 이러한 흔한 패턴을 알면 ○× 문장의 핵심어를 찾을 수 있어, 문장의 각 단어에 예외가 있는지 걱정하지 않아도 된다.

학생들에게 핵심어인 '아무것도,' '절대로,' '모든,' '전체적으로'에 주목하라고 하는 이유는, 이 단어들로 인해 잘못된 문장이 만들어지기 때문이다. 다시 말해, 이러한 표현들을 사용하면 전적으로 옳은 문장을 만들기 어렵거나, 전적으로 잘못된 문장이 된다. 교사는 학생이 이러한 특정 단어들에 주목한다는 것을 알고, 이들 단어를 사용해 옳은 문장을 만들기 위해 무진 애를 쓴다. 예를 들어, "모든 섬은 주변이 모두 물로 둘러싸여 있다," "모든 사람은 죽는다"와 같은 문장이 그렇다.

독립적인 두 개의 절을 포함한 ○× 문제에 답할 때에도 주의를 해야 한다. 한 절은 옳고 다른 한 절은 잘못된 경우에는 ×로 답해야 한다.

객관식 문제를 풀 때에는 종종 오답이 확실한 보기를 제거해나갈 수 있다. 그러면 한두 개의 보기로 정답 범위를 좁힐 수 있다. 하나의 보기를 고르라는 지시 사항이 있다면, 답을 한 개 이상 골라서는 안 된다. 지시 사항에 따르지 않으면 오답으로 처리된다. 1:1로 줄을 그어 짝짓는 문제에서는, 아는 문제 먼저 답하고 나서 나머지 보기 중에서 어려운 문제의 답을 찾도록 한다. 이미 줄을 그은 항목에는 표시를 한다. 빈칸 채우기 문제에서는 공란으로 비워 두기보다 자신이 생각할 수 있는 최선의 답을 써 넣는 것이 낫다. 그러한 답으로 종종 완전한 점수나 부분 점수를 받을 수도 있다. 답의 글자 수가 정해진 문제에서 답이 생각나지 않는다면, 유사한 의미를 지닌 다른 단어를 우선 써 넣는다. 생각이 날 듯 말 듯 답이 떠오르지 않는다면, 다른 문제를 먼저 풀고 나중에 다시 본다. 그 사이 관점이 바뀌어 막혔던 기억이 되살아날 수 있다.

시험지 활용하기

    시험 점수가 곧 실력은 아니다. 시험은 길이와 난이도가 다양하므로 70점이라는 점수가 우수할 수도, 평균일 수도, 낙제일 수도 있다. 자신의 점수를 비교할 수 있는 기준이 필요한데, 이를테면 알파벳 등급을 백분율로 환산한 점수나 학급의 평균 점수, 학급의 점수 분포 등과 같은 것들이다. 자신의 수준을 알고 나면 자신이 취한 방식의 문제점을 찾아야 한다. 하지만 많은 학생이 다른 학생들과 노트를 비교하거나, 교사와 공정성 시비를 벌이거나, 시험에 대한 혐오감을 갖는다.

    쪽지시험은 과목의 주요 내용을 빠르고 쉽게 되뇌는 방법이다. 틀린 문제는 더 공부해야 할 내용이다. 어려웠던 문제는 학생들의 이해를 재확인하기 위해 다시 출제되는 경우가 많다. 정답이 정답인 이유를 모른다면 교사에게 설명을 부탁한다. 그리고 쪽지시험을 기말시험 전에 더 공부할 부분을 알려 주는 연습용 시험 공부로 활용하도록 한다.

채점된 시험지를 보면 다음번 시험이 어떻게 나올지 상당 부분 알 수 있다. 어떤 유형의 문제가 나왔는가? 즉 정의를 묻는 것인가, 해석을 하는 것인가, 논하는 것인가, 문제점을 찾는 것인가? 문제가 교재에서 나왔는가, 수업에서 나왔는가? 예상한 문제인가? 예상하지 못한 문제는 어디에서 나왔는가? 자신이 쓴 답의 문제점은 무엇인가? 답을 완성하지 못했는가? 중요한 문제들에 시간을 제대로 분배하지 못했는가? 문제를 빠트렸거나 부주의로 실수를 했는가? 많은 경우 교사는 시험지에 개선할 점을 적어 놓는다. 시험지에 교사의 평이 없다면 수업이 끝난 후에 교사에게 직접 물어보도록 한다.

중요한 점은 이러한 기술을 실제 시험에 적용해 그 효과를 시험해 보고, 기술을 연마해 효율성을 높이는 것이다. 이 장의 많은 부분이 앞 장에서 설명한 읽기 기술과 직결된다. 이해력과 기억력을 향상시키는 기술 또한 시험에 유용하다.

효과적으로
수업 듣는 법

수업의 첫 번째 목적은 자료를 제시하는(학생이 개별적으로 쉽게 구할 수 있는 자료가 아닐 경우) 것이고,

두 번째는 어려울 수 있는 주요 개념을 설명하는 것이며,

세 번째는 보충 자료와 설명을 통해 주요 개념을 좀더 상세히 설명하는 것이다.

학생들은 수업 참여를 통해 배우고 평가도 받기
때문에, 효과적으로 수업에 참여하는 기술을 개발하는
일은 중요하다. 그럼에도 학생들은 이러한 기술이
부족하다고 느낄 때가 많다.

교실 행동 평가

많은 학생이 수업 중에 되뇌기를 두려워하고, 토론에 참여하거나 질문을 하는 것은 훨씬 더 두려워한다. 대부분의 학생이 수업에서 배워야 할 내용과, 배운 내용을 기억하는 방법을 잘 알지 못한다. 수업 내용을 빽빽하게 받아 적지만 무작정 적기만 하는 태도로 인해 필기 내용을 거의 이해하지 못하는 학생이 있는가 하면, 필기를 전혀 하지 않는 학생도 있다. 이러한 문제와 관련한 원칙들을 설명하기 전에, 우선 교실 행동에 관한 문제를 살펴보자.

교실 행동 평가를 위한 각 질문에 (1)전혀 하지 않는다, (2)드물게 한다, (3)가끔 한다, (4)자주 한다, (5)항상 한다 중에서 하나를 골라 답하면 된다.

1 수업 중에 필기를 하는가?

2 적어도 A4 크기의 공책 한 권에 필기하는가?

3 수업 중에 필기한 후에 그것을 다시 옮겨 쓰는가?

4 수업 중에 최대한 빠른 속도로 필기하는가?

5 속기로 필기하는가?

6 수업 후 노트를 다시 보며 수정하는가?

7 교실 뒤쪽에 앉는가, 혹은 문 옆이나 창가에 앉는가?

8 토론 수업이 있을 때 참여하는가?

9 토론 수업에 참여해야 할 때 긴장되고 두려운가?

10 수업 내용을 이해하지 못하면 기회를 봐 질문을 하는가?

11 교사가 자원할 사람을 구할 때 자원하는가?

12 쪽지시험을 준비할 때 노트에서 예상 문제를 뽑아 보는가?

13 어떤 과목에서 어려움이 있을 때 수업 후 교사와 이야기를 해
보거나 상담을 요청하는가?

14 학기 중에 수업을 빼먹기도 하는가?

15 수업 시간에 늦는가?

16 수업 종료 벨이 울리기 직전에 가방을 싸거나 외투를 입는가?

17 교사가 수업을 진행하거나 토론을 주도할 때 다른 학생과 소곤
거리는가?

　　　　　　　　　　　공부를 위한 읽기는 따로 있다

18 기말 리포트나 다른 과제물을 마감일에 제출하는가, 마감일 전에 제출하는가?

볼드체로 되어 있는 번호의 문제에는 '자주 한다' 혹은 '항상 한다'로 답할 수 있어야 하고, 일반 글자체로 되어 있는 번호의 문제에는 '드물게 한다'나 '전혀 하지 않는다'로 답할 수 있어야 한다. 그 이유를 다음 절에서 설명한다.

수업 듣는 능력 키우기

　수업을 잘 듣기 위해서 첫 번째 할 일은, 수업을 잘 들을 수 있는 자리에 앉는 것이다. 많은 학생이 교실 뒤쪽이나 창가, 문 옆에 앉으려고 한다. 이 세 위치 모두 집중이 안 되는 곳이다. 교실 뒷자리에 앉은 학생은 앞에 많은 학생이 보이기 때문에 교사의 말에 계속 집중하기가 쉽지 않다. 앞에 보이는 학생들은 몸을 꿈틀대거나 소곤거리거나 물건을 떨어뜨린다. 창가나 문 옆에 앉은 학생들도 교실 밖에서 일어나는 일들로 방해를 받는다. 학생들이 선호하는 자리, 그리고 교실의 좌석 위치와 성적의 상관관계를 연구한 자료들을 보면, 교실 앞쪽의 가운데 자리가 유리하다. 이왕이면 칠판 글씨가 잘 보이는 자리에 앉고, 청력이 약하다면 소리가 잘 들리고 교사의 입모양이 보이는 자리에 앉도록 한다.

학생들은 책을 읽을 때와 마찬가지로 수업의 주요 개념을 선별하고 기억하는 데 어려움을 겪는다. 이 문제를 해결하는 기초는 수업의 세 가지 목적을 인식하는 것이다. 즉 수업의 첫 번째 목적은 자료를 제시하는(학생이 개별적으로 쉽게 구할 수 있는 자료가 아닐 경우) 것이고, 두 번째는 어려울 수 있는 주요 개념을 설명하는 것이며, 세 번째는 보충 자료와 설명을 통해 주요 개념을 좀더 상세히 설명하는 것이다. 수업 시간은 한정되어 있기 때문에 교사는 수업할 내용을 매우 신중히 선별한다. 따라서 교사가 수업 중에 언급하는 내용은 중요하다. "우리 선생님은 안 그래요"라고 말하는 학생들도 있지만, 그러한 교사도 주요 개념을 분명히 설명했다고 주장할 것이다. 수업 듣기의 핵심은 주요 개념을 어떻게 선별하고 기억할 것인가에 있다.

이는 책을 읽을 때의 문제와 유사하다. 책의 저자와 교사는 둘 다 한 장chapter 이나 한 수업에서 몇 개의 주요 개념만 전달하려고 하지만, 이들 개념을 명확히 전달하기 위해서는 많은 내용을 상세히 설명해야 한다. 문제는 주요 개념을 어떻게 선별하느냐는 것이다. 수업은 보통 책보다 단서가 적기 때문에 단서가 명확히 강조되지 않는다. 교사가 어조와 주제문, 요약문과 같은 준비된 단서를 솜씨 있게 제시할 수 있지만, 보통 학생은 이를 알아챌 수 있을 만큼 훈련되어 있지 않다. 대부분의 학생이 책의 표제heading에 주의를 기울이지 않듯이, 학생들은 수업에서 흔히 사용되는 단서를 거의 알아채지 못한다. 우선, 학생들은 수업 분량을 잘못 인식하고 있다. 교사가 두서너 개의 주요 개념과 대여섯 개의 이차 개념만을 제시하는데도 학생들은 요점이 넘쳐난다고 생각한다.

학생들은 이 문제에 접근할 때 극단적인 두 가지 방식 중 하나를 택하는데, 둘 다 좋지 않다. 하나는 수업 내용이 전부 중요하다고 생각하는 학생들의 방식으로, 이들은 모조리 받아 적으려고 미친 듯이 써댄다. 속기가 가능한 학생들은 자신이 유리하다고 생각할 것이다. 하지만 이들은 정신없이 속기에 몰두하느라 수업 내용을 거의 이해하지 못한다. 이들은 나중에 노트한 것을 공부하면 된다고 생각하지만 실천하는 일은 거의 없고, 혹 실천한다 하더라도 힘이 두 배로 든다. 또 하나는 동시에 듣고 필기하기가 힘들다고 말하는 학생들의 방식이다. 이들은 수업 내용을 하나라도 놓치지 않도록 주의 깊게 경청하는 것이 최선이므로 필기를 하면 제대로 들을 수 없다고 생각한다. 이러한 학생들은 수업 중에는 내용을 이해할 수 있지만, 주요 개념을 선별하지 못해 나중에 할 복습의 기초를 마련하지 못한다.

공부를 위한 읽기는 따로 있다

책과 마찬가지로 수업에서도 주요 개념이 중요하다. 학생들은 주요 개념을 가려내고, 그 개념을 설명하는 자료를 봐야 한다. 이를 위해서는 교사가 제공하는 단서에 주의를 기울여야 한다. 교사는 보통 주제문으로 시작해서 그 주제를 요약하며 마무리한다. 교사는 '세 부분,' '다섯 가지 결과'와 같은 단서를 이용해 중요한 이차 개념의 수를 알린다. 교사는 음조의 변화를 통해 개념을 강조하기도 하는데, 중요한 개념을 반복하거나, 잠시 말을 멈추거나, "다음 내용은 중요합니다"라고 말하며 설명을 시작하기도 한다. 이때 학생들은 주의 깊게 들어야 하고, 위에 언급한 단서를 통해 주요 개념을 파악하려고 노력해야 한다. 개념을 파악하면 이를 요약해서 간결하게 적어야 한다. 그러고 나서 다음 개념이 나올 때까지 다시 수업을 들어야 한다. 수업이 끝날 즈음까지 필기한 내용이 반 쪽을 넘지 않을 것이다. 필기도 힘들지 않고, 일부 내용은 나중에 복습할 때 매우 유용할 것이다.

가능한 노트도 체계적으로 작성해야 한다. 주요 개념에 표제를 달고 이차 개념을 들여쓰기해 주요 개념이 잘 보이도록 한다. 수업을 들으면서 체계를 정확히 잡기가 어려울 때도 있으므로, 수업이 끝난 후나 저녁에 몇 분 짬을 내어 노트를 보며 주요 개념에 표시를 하고 이차 개념을 들여쓰는 일 등을 하면 좋다. 이렇게 수정을 하는 동안 급하게 받아 적느라 필기한 양이 너무 적다는 사실을 깨닫기도 한다. 이때는 내용을 덧붙여 더 명확히 표현하도록 한다.

노트를 체계적으로 작성하면 주요 개념이 한눈에 들어오고 기억 속에서 쉽게 시각화된다. 들여쓰기로 이러한 시각 효과를 높이려면 공책이 커야 한다. 공책이 크면 한 개 이상의 수업 내용을 담을 수 있기 때문에 그 관련성을 더 쉽게 이해할 수 있다. 작은 공책은 귀엽고 휴대하기 편하지만, 수업 노트로는 비효율적이다. 최악의 경우는 봉투 뒷면이나 종잇조각에 필기를 하는 것이다. 이러한 것으로는 체계적으로 필기하기도 어렵고 한데 모아 정리할 수도 없다.

옮긴이 이문영

이화여대 영문학과를 졸업한 후 캐나다 VCC(Vancouver Community College) 국제영어교사 자격증을 취득했다. 한국IBM과 파고다어학원에서 일했고, 한국외국어대학교 실용영어과 겸임 교수를 역임했다. 현재 다양한 장르의 책들을 우리말로 옮기는 전문번역가로 활동하며 한겨레 교육문화센터에서 번역 강의를 하고 있다.

옮긴 책으로는 《그레인 브레인》, 《힐링 코드》, 《치유 혁명》, 《무엇이 우리의 생각을 지배하는 가》, 《병 없이 살려면 의자부터 끊어라》, 《나의 두뇌가 보내는 하루》, 《설탕 중독》, 《내 몸의 자생력을 깨워라》, 《법왕 달라이라마》, 《긍정의 심리학》, 《둘이면 충분해》, 《플랜하라!》, 《첫돌 전 아기의 포토 레시피 40》, 《9회말 2아웃에 시작하는 멘탈 게임》(공역), 《뇌체질 사용설명서》(공역) 등이 있다.

공부를 위한 읽기는 따로 있다

1판 1쇄 _ 2016년 8월 5일

지은이 _ 프랜시스 P. 로빈슨

옮긴이 _ 이문영

펴낸이 _ 심현미

펴낸곳 _ 도서출판 북라인

출판 등록 _ 1999년 12월 2일 제4-381호

주소 _ 서울시 종로구 백석동길 215

전화 _ (02)338-8492 팩스 _ (02)6280-1164

ISBN 978-89-89847-61-8

· 잘못 만들어진 책은 바꾸어 드립니다.

· 값은 뒤표지에 있습니다.